社会人ホスピタリティ検定試験 公式テキスト＆問題集

新版
社会人ホスピタリティ

あなたの
ホスピタリティ度は
どれくらい？

要点チェック
確認問題
&

日本ホスピタリティ検定協会［編］

経済法令研究会

はじめに

　ホスピタリティの語源は、ラテン語で「客人をもてなす」という意味の「ホスペス（hospes）」、または客人を保護するという意味の「ホスピクス（hospics）」といわれます。

　いま、多くの企業や組織で、相手の立場に立ち、心から相手のことを考えて行動するホスピタリティ・マインドをCS（顧客満足）・ES（従業員満足度）の向上に役立てようとする取組みがなされ、注目されています。

　昨今では、情報化やグローバル化の進展、デジタル化の急速な発達などにより企業間競争は激化の一途をたどり、個人の経験値や価値観は多様化しています。これにより、消費者に選ばれる商品・サービス・企業の基準として、ホスピタリティの重要性が一層増すといえるでしょう。

　社会人ホスピタリティ検定試験は、社会の一員として、日常生活やビジネスの現場で発揮できる“あなたのホスピタリティ度”を測る試験です。本試験には［基本］［実践］があり、発展的にその習熟度を高めることができます。

　［基本］は、社会人にとって必要なホスピタリティ・マインドとは何か、マナーやコミュニケーションで求められるホスピタリティの姿勢とはどのようなものなのかなど、「相手の力になりたい」というホスピタリティの考え方・気づきについて、その基本的な理解の習得程度を測定します。

　［実践］は、ホスピタリティ・マインドの発揮により、ビジネスシーンなどで、いかに相手や自分自身の感情を理解し、具体的な行動につなげるのか、いかに状況を把握し、問題解決をするのかなど、「社会人ホスピタリティ［基本］」の上級試験として、その実践力・応用力の

習得程度を測定します。

　本書は、社会人ホスピタリティ検定試験の公式テキスト＆問題集です。試験を受ける際に押さえておきたい点について、チェックポイント（☑）にまとめ、各章末に掲載している確認問題で理解度を測ることができます。

　また、日常生活やビジネスのさまざまなテーマで、どのようにホスピタリティを実践したらよいかについても記載をしています。そのため、本書を活用することで、検定試験合格のための知識を習得できることはもちろん、日常生活とビジネスの両面でホスピタリティを実践できるようになるはずです。

　ホスピタリティは時代とともに変化し、進化していくものです。本書での学びをスタートとして、相手のために何をするのが一番よいかを常に考え続ける姿勢が欠かせません。

　ホスピタリティは学ぶことで、誰でも、いつからでも身につけることができます。本書が、試験の合格ならびにその後の日常生活やビジネスシーンにおけるホスピタリティ実践の一助となれば幸いです。

2024年4月

日本ホスピタリティ検定協会

本書の利用方法

章ごとに学習

 ☑チェックポイントを読んで基本知識を習得しよう

確認問題で力試ししてみよう

確認問題の解答と解説で、理解度を確認しよう

反復学習も効果的

自分が理解できていなかったところを中心に復習しよう

受験 ※申し込み方法は(6)頁参照

本書や試験で学んだ社会人ホスピタリティを日常で発揮しよう！

　本書は、社会人ホスピタリティ検定試験を受験する前に、基本知識を確かなものにするための参考書です。効率よく勉強できるよう、要点をチェックポイント（☑）でまとめています。

　要点をつかんだら、章末に掲載している確認問題を解いてみましょう。各章のチェックポイントに沿った問題を掲載しているため、理解

度を測ることができます。また、問題に取り組んだ後に解答と解説を読めば、自分がどの程度理解できているかすぐに確認することが可能です。

　合格を確実にするためには、さらにもう一度チェックポイントを読んで復習してみましょう。チェックポイント→確認問題→解答と解説→チェックポイントを反復することで、より知識の定着度は上がっていくでしょう。

　また、社会人ホスピタリティ検定試験を受験し、合格した後には、本書と試験を通じて身につけたホスピタリティを日常でも発揮し、よりよい人間関係の構築、円滑なコミュニケーションやビジネスにおけるマネジメント力のアップを目指しましょう。

**最新の過去問は
ココからチェック⬇**

URL：https://khk-blog.jp/9771/
パスワード：hospitality

社会人ホスピタリティ検定試験　実施要項

社会人ホスピタリティ検定試験は、全国一斉公開試験、CBT方式による試験です。お申込みおよび受験の詳細につきましては、日本ホスピタリティ検定協会ホームページ、CBT-Solutions試験ポータルサイトをご覧ください。

日本ホスピタリティ検定協会ホームページ
➡https://japan-hospitality.jp/

CBT-Solutions　試験ポータルサイト
➡https://cbt-s.com/examinee/

お問合せ先
■検定試験の内容に関わるもの
日本ホスピタリティ検定協会　事務局
　　TEL：03－3267－4817（平日 9：30～17：00　※年末年始を除く）
■試験事務全般に関わるもの
検定試験運営センター
　　TEL：03－3267－4821（平日 9：30～17：00　※年末年始を除く）
■CBT方式による試験に関わるもの
受験サポートセンター（CBT-Solutions）
　　お問い合わせ：https://hw.cbt-s.info/inquiry/user/inquiry/2
　　TEL：03－5209－0553（平日 8：30～17：30　※年末年始を除く）

試験実施日 申込日程	全国一斉試験：10月、3月実施（年2回） ●2024年10月27日（日）［基本］10：00～11：30 　　　　　　　　　　　［実践］13：30～15：30 （受付期間：2024年8月19日（月）9：00～9月4日（水）23：30） ●2025年3月2日（日）［基本］10：00～11：30 　　　　　　　　　　［実践］13：30～15：30 （受付期間：2025年1月6日（月）9：00～1月20日（月）23：30）
	CBT方式：随時実施
申込方法	全国一斉試験：受付期間内にインターネット、または郵送にて 申込み
	CBT方式：CBT-Solutionsで随時申込み受付
出題形式 試験時間	［基本］三答択一マークシート式　50問（90分） ［実践］四答択一マークシート式　50問（120分） 　　①四答択一式（40問） 　　②事例付四答択一式（5事例10問）
合格基準	100点満点中70点以上
受験料	［基本］4,950円（税込） ［実践］6,600円（税込） ※2024年4月時点
出題範囲	［基本］　ホスピタリティの基本知識と重要性 　　　　　ホスピタリティ力の向上と対応 　　　　　・ホスピタリティ・マナーのポイント 　　　　　・ホスピタリティ・コミュニケーションのポイント 　　　　　・ビジネスにおけるホスピタリティのポイント ［実践］　ホスピタリティの発揮と重要性 　　　　　ホスピタリティの実践的活用と応用 　　　　　・ホスピタリティ・マナーの実践 　　　　　・ホスピタリティ・コミュニケーションの実践 　　　　　・ビジネスにおけるホスピタリティの実践 ※出題範囲・内容に一部変更が生じることがあります。

目次 新版 社会人ホスピタリティ 要点チェック&確認問題

第 3 章　ホスピタリティ・マインドの育て方

第4章　ホスピタリティ・マナー

第 5 章　ホスピタリティ・コミュニケーション

第1章

ホスピタリティとは

第 1 節

ホスピタリティの基本

1　ホスピタリティの重要性

☑バブル崩壊後の長期不況により企業間の競争が激化し、ＩＴやグローバル化の進展で個人の経験値・価値観が多様化した。これにより、消費者に選ばれる商品・サービス・企業の基準としてホスピタリティの重要性が増加した。

☑これからの社会では、国籍、性別、年齢、職業、障がいや病歴の有無等の個人の違いを個性の一つととらえ、誰もが自分らしく、ストレスを感じることなく生きていける環境づくりが必要となる。ホスピタリティは、人と人が支え合う社会を実現するための、最も重要な要素の一つになってきている。

2　ホスピタリティ・マインド

☑ホスピタリティの定義：ホスピタリティ・マインドをもって相手に接すること。

☑ホスピタリティ・マインドの定義：相手を観察したり相手の状況や感情を想像したりすることで、相手と自分の違いを認識し、その違いを受け入れて「相手の力になりたい」と考える思考パターンのこと。

2015年９月の国連サミットで、「誰一人取り残さない」持続可能で多様性と包摂性*のある社会の実現のため、2030年を年限とする17の国際目標が採択された。

*包摂性：社会的な弱者を含め、すべての人を社会の一員として包み込み、支えあうという考え方

☑ホスピタリティ・マインドとは、相手の力になりたいと考える頭の働きであり、人間が自然に感じる喜怒哀楽といった感情とは別物である。したがって、知識を増やしトレーニングを重ねることで、<u>ホスピタリティ・マインドは、誰でも、いつからでも習得することができる</u>。また、もともと優しい人でなくても、ホスピタリティを実践することができる。

☑<u>ホスピタリティは、本意ではないのに自分自身を犠牲にしてまで相手に尽くすことではない。</u>自分自身もホスピタリティの対象であることを意識することが重要である。

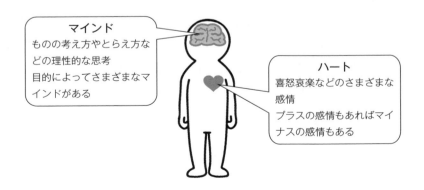

マインド
ものの考え方やとらえ方などの理性的な思考
目的によってさまざまなマインドがある

ハート
喜怒哀楽などのさまざまな感情
プラスの感情もあればマイナスの感情もある

3　ホスピタリティ・アクション

☑ホスピタリティ・マインドをかたちにするためには、それを具体的に行動で表すホスピタリティ・アクションが必要である。ホスピタリティ・アクションがあって初めて本当の意味で相手の力になることができる。

☑ホスピタリティ・アクションの代表的なものとして、ホスピタリティ・マナーとホスピタリティ・コミュニケーションがある。

☑ホスピタリティ・アクションは、「こういう場合は、このようにするべき」とマニュアル的に決まっているものではなく、場合によっては、一般的によいとされていることと正反対の対応をしたほうがよい場合もある。相手の状況や感じ方に応じ、それにふさわしいホスピタリティ・マナー、ホスピタリティ・コミュニケーションを実践することが大切である。

☑相手の力になりたいと思ってホスピタリティ・アクションを行っても、それがすぐに相手に伝わるとは限らない。また、相手にとって必ずしも耳あたりがよいものであるとは限らない。

☑最初は「余計なお世話だ」と思われるかもしれないが、あとになって「自分のためにしてくれたことなんだ」と気づくこともある。相手に気づいてもらえなかったからといってあきらめず、積極的にホスピタリティ・アクションを行うことが必要である。

ホスピタリティの成り立ち

1 ホスピタリティの語源

☑ ホスピタリティの語源：<u>主人・客・異人</u>という意味のラテン語の「ホスペス（hospes）」、または<u>客人の保護</u>という意味の「ホスピクス（hospics）」であるといわれている。

☑ 古代ローマで、外からやってきた敵か味方かわからない「よそ者」を受け入れて歓待したこと、病で旅立つことができない旅人を教会や修道院で看病したことがホスピタリティのもととなっている。その精神が同じ語源をもつホテルやホスピタルなどにも受け継がれている。

2 ホスピタリティとCS

☑ 企業においてホスピタリティを実践するときに基本となるのがCS（Customer Satisfaction：顧客満足）である。

☑ CSは、80年代のアメリカの企業活動から始まったといわれており、商品やサービスの品質を、提供する側が決めるのではなく、消費者の要望や好みから決めようという考え方がもとになっている。

☑ 日本では、バブル崩壊後、アンケートや顧客の声を商品開発に活か

したり、サービスの品質を向上させたりすることで顧客満足度を高め、顧客の固定化を図るCS活動が活発化した。最近では、製造部門やサービス部門だけでなく、経営全体にCSを取り入れる企業も増えてきた。

☑CSの特徴の一つは、<u>消費者の性別や年齢といった属性、その他の区分に応じて消費者の満足度を分析し、それを商品やサービスに取り入れること。</u>その意味では、<u>個々の相手の顕在的・潜在的な要望を満たすように行動する</u>ホスピタリティは、企業活動においてCSの発展形であるといえる。

3　ホスピタリティとおもてなし

☑日本には古来よりおもてなしという習慣がある。日本のおもてなしは、表裏がない心（おもて・うら・なし）でお客さまをお迎えするという茶道の世界で体系づけられたといわれている。また、主人と客人がお互いに敬い合い、茶室の品々や雰囲気を清浄な状態に保つという意味の「和敬清寂」がおもてなしの原点であるという説もある。

☑<u>数百年にわたっておもてなしという習慣に慣れ親しんできた日本人にとって、ホスピタリティはなじみ深い。</u>おもてなしの精神に根づいた日本のホスピタリティは、現代では、逆に日本以外の国々から注目を浴びるようになっている。

ホスピタリティの効果

1 Win-Win-Winの実現

☑ 自分の行動によって相手が幸福になること＝自分自身の幸福ととら
えることで、自然と相手のために行動できるようになる。その結果、
人間関係が円滑になる。

☑ 組織・企業・地域に所属する多くの人がそうした考え方で行動する
ようになると、その組織・企業・地域にかかわるすべての人の人間
関係がスムーズになり、やがて社会全体の幸福につながっていく。

☑ 接客業やその他の事業等のビジネスにおいては、ホスピタリティを
実践することで評判が高まり、商品やサービスが顧客から選ばれる
ようになる。顧客からの信頼が増し、企業の収益向上や事業継続・
拡大につながっていく。

☑ このように、ホスピタリティの実践は、相手、自分、社会・企業が
ともに幸福になるというWin-Win-Winの関係を実現することにつ
ながる。

☑ 逆に、従業員の一人でもホスピタリティを欠いた行動をすると、そ
のマイナス情報が拡散されて企業全体の信頼を損ない、顧客が離れ
ていく。その結果、売上減少やクレーム増加につながり、収益が悪
化する。収益悪化はリストラや事業撤退・倒産などを招く可能性が

あり、やがてその影響が自分にもかえってくる。

2　組織づくり、人づくりの実現

☑組織の中でホスピタリティを実践すれば、上司・部下、先輩・後輩、先生・生徒といった<u>立場や役割が異なる人たちが、その違いを超えて、ともに成長していくことができる</u>ようになる。

☑「同年代や同じ立場の人たちだけとつきあって他の人のことは考えない」、「仲のよいグループ以外は仲間はずれにする」というのではなく、組織の中の一人ひとりと自分の違いを認めたうえで、その人の立場にたって行動するというホスピタリティを実践することにより、<u>お互いの意思疎通が円滑になり、強い絆が生まれて組織のポテンシャル（潜在能力）が高まる</u>。

☑組織においては、CS（顧客満足）と並んでES（Employee Satisfaction：従業員満足）も重要視されるようになっている。従業員が不満やストレスを感じている職場は、生産性が上がらず、不祥事も起こりがちだが、ホスピタリティを実践して風通しがよい職場づくりが実現されれば、<u>誰もが働きやすくなり、個人の組織に対する忠誠心も増して、ますますホスピタリティを発揮しやすくなるという好循環が生まれる</u>。

3　仕事、人生のステップアップ

☑ホスピタリティを実践できる人は、周囲の人からの信頼が増し、興味深い仕事を任されたり、チームのリーダーに抜擢されたりする<u>チャンスに恵まれる</u>ようになる。

☑<u>就職や転職にあたっても、高い評価を受けて有利になる</u>可能性が高

くなる。

☑たとえばホテル業界では、ホテルに携わる人にとって最も重要な資質は「ホスピタリティ・マインド」であると考えられている。

☑仕事中やプライベートの時間といった区別なく、自分以外の人のことを考えて行動するというホスピタリティを心がけていれば、それが仕事にも活かされ、プライベートにもよい影響をもたらすようになる。ホスピタリティの実践は、仕事、プライベートの両方に相乗効果をもたらし、自分の時間すべて（人生、すなわちキャリア）を、より充実したものにすることができる。

4　AIとの共存

☑人工知能（AI）の発展により、AIが人間の行動や経験、表情、感情などを解析・学習し、人間の次の行動を推測することができるようになるといわれている。これにより、やがて人間の仕事がAIに取って代わられるともいわれている。

☑個々の相手の感情や状況を判断し、それに応じてふさわしい行動をするというホスピタリティは、きわめて知的であたたかい人間的なふるまいであり、まだAIが到達できていない分野である。マニュアル的で画一的な行動はAIに取って代わられるかもしれないが、一人ひとりのための対応は、どんなにAIが発展しても人間にしかできない。

☑これからは、AIを恐れるのではなく、人間とAIがお互いに得意な分野を役割分担しながら、共存・共働していくことが必要になってくる。

確認問題

[問1]

ホスピタリティに関する記述について，空欄①～③に入る語句の組合せとして，最も適切なものは次のうちどれですか。

ホスピタリティとは，（　①　）をもって相手に接することであり，（　①　）とは，相手を観察したり相手の状況や感情を想像したりすることで，相手と自分の違いを認識し，その違いを受け入れて「（　②　）」と考えることである。また，相手の状況や感じ方に応じて，（　①　）を具体的な行動に表すことが（　③　）である。

---

(1)　①親切心　　　　　　　　　　②相手に喜んでもらいたい
　　　③おもてなし
(2)　①ホスピタリティ・マインド　②相手にも人格がある
　　　③おもてなし
(3)　①ホスピタリティ・マインド　②相手の力になりたい
　　　③ホスピタリティ・アクション

解答解説　【問1】(3)

解説：ホスピタリティでは，相手と自分の違いを認識し，その違いを受け入れたうえで「相手の力になりたい」と考えるホスピタリティ・マインドが重要です。相手の状況や感じ方に応じて，そのホスピタリティ・マインドを具体的に行動に表すことがホスピタリティ・アクションです。

　　ホスピタリティとCS（顧客満足）に関する記述について，最も適切なものは次のうちどれですか。

- -

(1)日本においては，製造部門やサービス部門だけでなく，経営全体にCSを取り入れる企業が増えてきた。

(2)CSは，商品やサービスの品質を消費者側が決めるのではなく，提供する側が決めようという考え方がもとになっている。

(3)個々の相手の顕在的・潜在的な要望を満たす「ホスピタリティ」を発展させたものが，CSであるといえる。

解答解説　【問 2 】(1)

解説：(2)商品やサービスの品質を決めるのは提供する側でなく消費者側であるというのがCSの考え方です。(3)消費者の属性別の要望だけでなく個々の相手の要望に応えるホスピタリティは，CSの発展形であるといえます。

【問3】　　　　　　　　　　　　　　　　　　　　　　　基本

　ホスピタリティの重要性に関する記述について，適切でないものは次のうちどれですか。

- -

(1)ホスピタリティは，個人の違いを個性の一つとしてとらえるものであり，誰もが自分らしく生きていくために，これからの社会にとって不可欠なものである。

(2)ホスピタリティの考え方は，「誰一人取り残さない」という多様性と包摂性のある社会の実現のために採択された「SDGs（持続可能な開発目標）」と共通する部分がある。

(3)個人の経験値や価値観の多様化により，どのような消費者に対しても均一なサービスを提供できるよう，性別や年齢に関係なく定型的に相手に接するホスピタリティの重要性が増してきている。

解答解説　【問3】(3)

解説：ホスピタリティの実践で求められているのは，誰に対しても均一なサービスを提供することではなく，相手の状況や感じ方に応じて臨機応変に柔軟な対応をすることです。

ホスピタリティの語源に関する記述について，適切でないものは次のうちどれですか。

(1)古代ローマにおいて外部からやってきた「よそ者」を受け入れて歓待したことが，ホスピタリティの起源になったといわれている。

(2)ホスピタリティの語源の一つとして，ラテン語で「客人の観察」を意味する「ホスペス（hospes）」が挙げられる。

(3)病院を意味する「ホスピタル（hospital）」は，ホスピタリティと同じ語源をもち，医療業界においてホスピタリティが注目されていることにもそれが表れている。

解答解説 【問4】(2)

解説：(2)ホスピタリティの語源である「ホスペス（hospes）」は，ラテン語で「主人・客・異人」という意味であり，外からやってきた敵か味方かわからない「よそ者」を受け入れて歓待したことがホスピタリティのもとになったと考えられています。

【問 5 】　

　ホスピタリティの効果に関する記述について，空欄①〜③に入る語句の組合せとして，最も適切なものは次のうちどれですか。

・ホスピタリティの実践は，相手，自分，社会・企業がともに幸福になるという（　①　）の関係を実現することにつながる。

・組織内の一人ひとりがホスピタリティを実践すると，職場内の人間関係が良好になり，（　②　）が高まる。その結果，組織全体の生産性の向上につながる。

・従業員のうち一人でもホスピタリティを欠いた行動をとると，クレーム増加や（　③　）につながり，収益が悪化し，リストラや事業撤退・倒産などを招く可能性がある。

(1)　①Win-Win-Win　　②帰属意識　　③CS低下

(2)　①共存共栄　　　　②忠誠心　　　③顧客離れ

(3)　①Win-Win-Win　　②従業員満足　③売上減少

解答解説　【問 5 】(3)

解説：①ホスピタリティの実践は，相手，自分，社会・企業がともに幸福になるWin−Win−Winの関係を実現することにつながります。②組織内でホスピタリティを実践すると，職場内の人間関係が良好になって従業員満足が高まり，組織全体の生産性が向上します。③従業員の一人でもホスピタリティを欠いた行動をとると，クレーム増加や売上減少につながり，やがてリストラ・事業撤退・倒産など，結果が自分にかえってくる可能性があります。

ホスピタリティに関する記述について，最も適切なものは次のうちどれですか。

---

(1) ホスピタリティ・アクションは，「こういう場合は，このようにするべき」というマニュアル的な知識をもとに，相手にとって心地よい対応をとることである。

(2) ホスピタリティ・マインドをかたちにするためには，それを具体的に行動で表すホスピタリティ・アクションが必要である。

(3) ホスピタリティが活用できるのは顧客満足を目的とした場合であり，従業員満足のための職場づくりに活用するものではない。

(4) 人間の感情を読み取るAI技術が次々に実用化されており，人間はAIが提供するサービスを上回る必要がある。

解答解説 【問6】(2)

解説：(1)ホスピタリティ・アクションは，マニュアル的に決まっているものでなく，状況に応じて臨機応変に対応することです。また，相手にとって必ずしも心地よいとは限らず，最初は「余計なお世話だ」と思われる場合もあります。(3)ホスピタリティの実践は，働きやすい職場づくりにも有効です。(4)人間がAIを上回ることを目指すのではなく，人間とAIが互いに得意な分野を分担しながら，共存・共働していく姿勢が必要です。

【問7】　　　　　　　　　　　　　　　　　　　　　　　　　　　　　　実践

　ホスピタリティ・アクションの例に関する記述について，適切でないものは次のうちどれですか。

----

(1)同僚の仕事中の態度がよくないと感じたが，自分が指摘したことにより相手が気分を害しては困るので，「いつか自分で気づいてほしい」と思い見守ることにした。

(2)「俺なんか……」と，自身を卑下する言葉が口癖の同僚に対して，「私はあなたのこういうところを尊敬している，あまりそういう言葉を使わないほうがよい」と親身な言葉で話した。

(3)怪我をして最近包帯が取れたばかりの同僚が，資料のたくさん入った段ボールを持とうとしていたので，「よかったら私が運ぶよ」と声をかけた。

(4)最近後輩の元気がないことが気になったので，他の人に聞かれないように別室に呼んでから，「何か不安なことがあればいつでも相談してね」と優しく伝えた。

解答解説　【問7】(1)

解説：最初は「余計なお世話だ」と思われても，心の底から相手のためを思って行動することがホスピタリティ・アクションです。相手の気分を害するだろうという理由で行動しないのは適切ではありません。

第2章

これからの社会と
ホスピタリティ

これからの社会を考える

1　少子高齢化の進行

☑少子高齢化の進行により、日本の人口は2008年をピークに減少に転じ、2037年には国民の 3 人に 1 人が65歳以上となると言われている（内閣府「令和 5 年版高齢社会白書」）。

☑今後は今以上に高齢者が身近な存在になる。また、やがては自分自身も高齢者になることも考慮して、「老いるということはどういうことか」、「高齢者が生きやすい社会とはどんな社会か」、「高齢者とどのようにコミュニケーションすればよいか」等について、今から考えておくことが望ましい。

☑高齢者が増加しているのに対して出生数は年々減少しており、50年後には14歳以下の子どもの数は現在の約半分になると推計されている。少子高齢化の進行を少しでも遅らせ、社会の活力を維持していくためには、子育てを親だけの責任にせず、「社会の子」として、子どもを社会全体で育てていく姿勢が必要である。

2　社会の分断と融合

☑大戦・冷戦の終結後、社会的・経済的・文化的なさまざまな分野で

グローバル化が進んできた。交通網や情報網の発達により、人の移動や情報の交流もさかんになり、全世界が一つになる方向に進んできたといえる。

☑それに反して、行きすぎた資本主義や権利意識は、自分や自分が属する集団だけが良ければよいという考えを生み、格差や貧困、差別といった問題が顕在化し、新たな対立も生まれてきた。さらに、グローバル化はAIDSやSARS、エボラ出血熱、新型コロナウイルス等の感染症の拡大リスクも増大させた。

☑現在は、世界を一つにする「融合」と正反対の「分断」が見過ごせない状況になってきており、両方の動きが錯綜している。

3　ホスピタリティの新たな役割

☑このような「高齢化」「少子化」「分断」といった社会のマイナス面に対して、政治や行政にまかせるだけでなく、私たち一人ひとりにもできることはあり、その一つがホスピタリティの実践である。

☑「相手と自分の違いを認識し、その違いを受け入れて、"相手の力になりたい"と考え、それを具体的な行動で表す」というホスピタリティは、これらの問題に立ち向かうために、人間同士の結びつきをより良い方向に変えていくことができる。ホスピタリティ・マインドをもち、具体的なホスピタリティ・アクションを実践することは、これからの社会のマイナス面をプラスに転換する原動力となり、それがホスピタリティの新たな役割となる。

第 2 節

高齢者に対するホスピタリティ

1　高齢者の特性

☑人は年をとると身体的、精神的、性格的にさまざまな変化が現れる
ようになり、これまでできていたことができにくくなる場合がある。
高齢者に対してホスピタリティを実践する前提として、高齢者の一
般的な特性について理解しておくことが望ましい。

身体機能の変化

●視覚の低下：小さい文字や、暗いところでの文字が見えにくくなる。
また、視野が狭くなることがある。
●聴覚の低下：高い音や、早口が聞きとりにくくなる。
●筋力の低下：持久力や柔軟性、機敏さが低下して、身体のバランス
がとりにくくなる。転倒のリスクが大きくなり、とくに、女性の場
合は骨密度も低下するため、骨折する可能性が高まる。

認知機能の変化

●記憶力の低下：とくに最近のことを覚えておく短期記憶能力が低下
し、人の顔や名前、行動したことを忘れるようになる。
●判断力の低下：年月日や自分の状況を把握するという「見当識」が

衰え、日常生活において失敗することが増える。自分の今いる場所がわからなくなる迷子や徘徊<ruby>徘徊<rt>はいかい</rt></ruby>につながることがある。

性格の変化

- がんこ・わがまま：脳の機能の衰えにより、それまで理性で抑えていた感情が表に出やすくなる。また、社会的な役割から離れることで、意地をはったり、自己中心的になったりする。
- 孤独感・疎外感：身体的衰えにともなって活動範囲が狭くなり、人とのコミュニケーション機会が減少することで、孤独感や疎外感を感じやすくなる。
- 無気力：人と接する機会が減ったり、親しい人を亡くしたりすることで、無気力になり、衣食住に気を使わなくなる。

日常生活動作能力の低下

- 歩行や移動、食事、更衣、入浴、排せつ、整容などの基本的な身体動作能力が衰える。交通機関の利用、電話応対、買い物、食事の支度、家事、洗濯、服薬管理、金銭管理などの生活関連動作に支障をきたすようになる。

2 高齢者に対応するときのポイント

☑高齢者に対応するときは、一般的な特性を踏まえた対応を心がけたうえで、さらに、一人ひとりの状況に応じたホスピタリティを実践することが必要である。

高齢者とのコミュニケーション

☑高齢者とコミュニケーションするときは、次のことに留意する。

●落ち着いた声で、ゆっくり、はっきり話す。

●結論を急がせず、相手の理解にあわせてじっくりと話す。

●商品を説明するときなどは資料を上手に使い、視覚も活用する。

●声かけは正面や横から行い、真後ろから突然声をかけて驚かさないように注意する。

●相手の存在や価値観を否定したり傷つけたりする言葉は避け、相手の自尊心に配慮する。

●沈黙が続いても、無理に言葉をかけず、相手のテンポに合わせる。

●愚痴や否定的な話は、共感の言葉を添えて受け入れる。心のこもっていない表面的なあいづちにならないように注意する。

高齢者に対する態度・動作

☑身体機能、認知機能が低下した高齢者に対しては、次のような態度・動作を心がける。

●相手と視線の高さをあわせてしっかりとアイコンタクトし、相手の存在を認めていることを示す。

●優しく包み込むような動作で肩や腕などに触れ、高齢者が歩くときや立つとき、座るときの支援をする。

●介助など、高齢者に対して何か動作をするときは、笑顔とともに、自分の動作を説明する言葉を添えながら行う。

【例】「○○まで、ご案内しますね」

高齢者対応の環境整備

☑お客さまとして高齢者をお迎えするときは、次のような環境整備を行う。

●バリアフリー：階段にスロープや手すりをつけたり、段差がある場所に中間的なステップを配置したりする。できれば、店内を移動す

るための車いすも用意しておく。また、雨の日は、滑らないように
こまめに床を掃除する。
●サイン・印刷物：遠くからでも見やすいように文字を大きくし、照
明の明るさにも配慮する。
●什器・備品：老眼鏡、杖掛けなどを用意しておき、気軽に利用でき
るように、使用する場の近くに配置しておく。

3　場面に応じた高齢者対応

☑状況に応じてどのような対応をすればよいか、自分なりに考えて工
夫することが必要。

こんなとき	最近、ゴールド免許の祖父が運転中に縁石に軽く接触するようになってきたが、「大丈夫」と言って車の運転をやめようとしない
こんな理由で	本人の意思でやめるのは難しいので、「孫からのアイメッセージ」で説得してみる（アイメッセージについてはp.152参照）
こう行動してみる	「おじいちゃん、私が心配で夜眠れなくなっちゃうから、お願いだから車の運転はやめて」と言う

さまざまな相手に対する
ホスピタリティ

1　子ども（子ども連れ）に対するホスピタリティ

☑人は、大人になるにつれ子どものときの気持ちや行動を忘れてしまう。また、時代の変化により、自分が子どものころと現代では、子どもを取り巻く環境も変化している。

☑子どもの一般的な特性について改めて見直したうえで、<u>公共の場で子どもや子ども連れに対してどのようにホスピタリティを発揮すればよいか</u>考えることが必要である。一般的に、子どもは公共の場で次のような行動をすることがある。

- 好奇心が強く働き、周囲の状況や危険なことなどに注意が向かなくなる。
- 急に向きを変える、急に走り出すなど、予想がつかない行動をする。
- じっとしていることができずに動き回る。
- 興奮して大きな声で騒いだり、叫んだりする。

☑公共の場で子どもや子ども連れに対応するときは、次のことに気をつける。

●子どもと目線をあわせ、子どもの言葉に耳を傾けながら、優しさを
　こめた声と言葉で言いたいことを伝える。

●赤ちゃん言葉や幼児語ではなく、丁寧な言葉づかいで話す。また、
　子どもがまねしないよう、他人を傷つける言葉や配慮を欠いた言葉
　は使わないようにする。

●他人に迷惑をかけたり、社会のルールに反することをしたときは、
　感情的に怒るのではなく、落ち着いたトーンやボリュームで「して
　はいけないこと」「なぜしてはいけないのか」について話す。

子ども連れに対して

●子どもを連れた親や祖父母に対応するときは、困っていることや助
　けが必要なことがないか想像して声をかける。

●子どもがどうしても泣き止まないとき、親は申し訳ない気持ちでい
　ることが多いため、周囲の人は、親子に笑顔を向けたり、「WEラ
　ブ赤ちゃん　泣いてもいいよ！ステッカー」※などで「気にしなく
　てよい」という気持ちを伝えるようにする。

●ベビーカーや大きな荷物を持って階段を上り下りしたり、ドアを開
　け閉めしたりする人を見かけたときは、「お手伝いしましょうか」
　と声をかけ、持ち運びを手伝ったり、ドアを手でおさえたりする。

※　「WEラブ赤ちゃん　泣いてもいいよ！ステッカー」：赤ちゃんの泣き声を温かく見
守る人たちがいることを可視化するステッカー。エッセイスト紫原明子さんの呼びかけ
で始まった「WEラブ赤ちゃんプロジェクト」の一環の活動で、多くの企業や全国の自
治体にも広まっている。

2　外国人に対するホスピタリティ

☑就業や留学などを目的とした在留外国人の数は年々増加しており、外国人旅行者も2019年まで増加を続けてきた。ウイルス感染予防の関係で、世界的な人の移動が制限される場合もあるが、日本において、日常的に外国人と接する機会は確実に増えてきている。

☑外国人といっても、国籍や人種によって文化や慣習、考え方などが大きく異なり、訪日目的により、日本や日本人に期待することも違ってくる。しかしながら、それらの違いはあくまでも一つの傾向にすぎず、同じ国籍・人種の人が皆同じ考え方をするわけではない。外国人と接するときは、「文化、慣習、考え方などが違う」ということを前提としながらも、日本人に対するのと同じように、一人ひとりにあわせてホスピタリティを実践することが必要である。

外国人と接するときに気を付けたいこと

●自分と違っていても、相手の文化や慣習を尊重し、自分のやり方を無理に押しつけないようにする。

●国籍や人種など、思い込みで一方的な対応をせず、相手の要望や状況について確認してから対応するようにする。

●相手に興味・関心をもち、相手の言語や文化、習慣などについて知る努力をする。宗教によっては、服装や食生活でタブーとされていることがあるので、基本的な内容について理解しておく。

●言葉が通じない場合でも、身振り手振りや絵、図などを使ってコミュニケーションしてみる。また、万国に共通の笑顔をこころがけ、感謝の言葉や挨拶を積極的に行う。

3　友人・知人に対するホスピタリティ

☑学校の同級生、趣味やサークルの仲間、仕事仲間、子どものママ友
　など、友人・知人になるきっかけにはいろいろあるが、家族や恋人、
　ビジネス上の利害関係者とは違った人と人のつながりは、自分自身
　の人生を豊かにしてくれる。
☑「親しき仲にも礼儀あり」というように、心を許し合って、なんでも
　相談できる友人であっても、友人・知人と接するときは、次のよ
　うなことに気をつける。

友人・知人と接するときに気を付けたいこと

●友人・知人の間でも、約束は守る。時間の約束や、秘密を人に洩ら
　さない約束など、約束を守ることは信頼関係の基本である。
●誘いを断るときなどは、相手を傷つけないように、言い方に注意す
　る。
●耳あたりのよいことばかりでなく、相手のことを考えて本気で注意
　したり、アドバイスしたりすることも大切である。
●嫌われるのを恐れて、自分の意見を抑えて常に相手に合わせること
　はホスピタリティではない。自分自身もホスピタリティの対象であ
　ることを自覚し、対等な立場でアサーティブなコミュニケーション
　を心がける（アサーティブについてはp.153参照）。
●いつも一緒にいることが友達の条件ではない。メールや電話を頻繁
　に交換しなくても、数か月・数年会わなくても、「何かあったとき
　には力になりたい」と思える相手が友達である。長く連絡をとって
　いない友達に対しては、思い立ったときに手紙やメール、電話で、
　自分からコミュニケーションしてみることも有効である。

4　家族に対するホスピタリティ

☑家族とは、一般的に「血縁や結婚で関係づけられる人々」と考えられているが、この定義は時代とともに変化してきている（法的な結婚とは異なる事実婚・同性婚、血のつながらない家族など）。また、家族の形態も多様化している（夫婦と子どもだけの核家族、何世代もが同居する大家族、一方の親と子どもからなるひとり親家族、子どもがいない・あるいは独立した夫婦だけの家族など）。共通して言えるのは、家族とは「2人以上の人（ペットも含む）が生活を共にする集団の単位」であるということである。

☑自分以外の家族と対するときは、<u>自分とは別の人格をもった人であるという意識をもつ</u>ことが重要である。未成年の子どもに対しては保護・扶養・教育をする責任があり、要介護の老親・配偶者に対しては介護の手立てを考えることが必要であるが、あくまでも一人の独立した人間として敬意をはらうべきである。他の人に対してホスピタリティを実践するのと同じように、家族に対しても感情や状況を推し量り、それに応じて目配り、気配り、心配りすることが大切である。現在、家庭内暴力や虐待が社会問題化しているのは、家族を尊重する気持ちが不足していることの表れであるといえる。

☑長く生活を共にしていると、以前の関係性がそのまま続いていると考えがちだが、家族はそれぞれに年をとり、状況も変化する。こうした<u>変化に応じて、対応も変えていく</u>必要がある。以前の関係性をなかなか変えることができず、成人した子どもを子ども扱いして自分の思いどおりにさせようとしたり、年老いた親に対して子どもがわがままを言い続けたりする例も多い。

☑身近な家族という存在に対して、<u>改めて、どんな感情やどんな考え</u>

方をしているのか観察し、想像し、コミュニケーションして見つめ直してみることが必要である。そして、その家族に対して、現在の自分はどんなことができるのか、どのように接すれば相手が喜ぶのか考えて、行動してみることが重要である。

確認問題

【問 8】　　　　　　　　　　　　　　　　　　　　　　　　　　　　　基本

　高齢者へのホスピタリティに関する記述について，適切なものは次のうちいくつありますか。

(a)会話の「間」には結論を促す一言を伝え，愚痴や否定的な話には共感を示さないようにするとよい。

(b)相手の身長が低ければかがむなどし，視線の高さを合わせてアイコンタクトをするとよい。

(c)優しく包み込むような動作で肩や腕に触れるなどして，歩くときや立つとき，座るときの支援をするとよい。

----

(1)1 つ

(2)2 つ

(3)3 つ

解答解説　【問 8】(2)

解説：(a)×会話の間があった際は，結論を急がせず，相手の理解にあわせてじっくりと話します。また，愚痴や否定的な話でも，理解をしている態度を示し，共感の言葉を添えるのが望ましいといえます。(b)○　(c)○

　　子ども連れへの対応に関する記述について，最も適切なものは次の
うちどれですか。

- (1)電車で泣き止まない子どもを連れている親に，「気にしないで」と
　急に話しかけると，相手は驚くため，何もしないようにする。
- (2)子どもを連れた親や祖父母に対応するときは，困っていることや助
　けが必要なことがないか想像して声をかける。
- (3)ベビーカーを持って階段をのぼったり，ドアを開けようとする人に
　は，横から「お持ちしますよ」と手を差し出しながら手伝う。

(解答解説)　【問 9 】(2)

解説：(1)何もしないのではなく，親子に笑顔を向けるだけでも，「気に
しなくて良い」という気持ちを伝えることができます。状況に応じて席
を譲ったり，話しかけたりすることもよいでしょう。(3)「お手伝いしま
しょうか」とまず声をかけて，相手の意向を確認してから手伝うことが
望ましいといえます。

【問10】 ──────────────────────────────── 基本

　飲食店に勤めているＡさんが，外国人観光客へのホスピタリティ向上のために取り組んでいる事項に関する記述について，適切でないものは次のうちどれですか。

----

(1)外国人観光客が外から見てわかりやすいように，入口のドアに「クレジットカード決済可能」と英語で書かれたステッカーを貼った。

(2)すき焼き定食の卵の使い方に悩んでいる様子の外国人観光客を見かけたＡさんは，英語が話せないため，無言で「英語で食べ方が書かれたボード」を渡した。

(3)メニュー表には，日本語表記の上に英語表記で説明を書いていたが，多くの国の人にわかりやすいように，すべて写真を入れることにした。

解答解説　【問10】(2)

解説：(2)たとえ英語が話せなくても，ボードを無言で渡すのではなく，身ぶり手ぶりも交えて説明しようとすることが，ホスピタリティ・コミュニケーションにつながります。

友人・知人や家族に対するホスピタリティに関する記述について，適切なものは次のうちいくつありますか。

(a)家族へのホスピタリティを考える際は，まず自分が家族に対してどんな感情やどんな考え方をしているのかを改めて想像したうえで，コミュニケーションをとるとよい。

(b)友人関係では，気心が知れて安心できることが親愛の情の表れであるため，誘いを断るときなども，「行きたくないから行かないよ」などと強い口調で接してもよい。

(c)家族とは，たとえあり方が今後多様化したとしても，定義上はあくまで「血縁や結婚で関係づけられる人々」のことを指す。

(d)友人・知人に対して接するときは，自分自身もホスピタリティの対象であることを自覚し，自分の意見をアサーティブに主張していくことが望ましい。

----

(1) 1つ

(2) 2つ

(3) 3つ

(4) 4つ

解答解説 【問11】(2)

解説：(a)○ (b)×たとえ気心が知れた友人であっても，相手を傷つけない言い方を心がけましょう。(c)×家族の定義は時代とともに変化しています。現在は，血縁や結婚などにとらわれず，「2人以上の人（ペット含む）が生活を共にする集団の単位」ととらえることができます。(d)○

【問12・問13】

　下記の事例にもとづいて,【問12】および【問13】に答えてください。

　Aさんは,開店して2年目のXレストランでフロント係をしている。Xレストランはインターネットのサイトでは料理の味,きめ細かなサービス,インテリアでの雰囲気づくりに定評があり,また,ディナータイムは,大人がゆっくり食事を楽しめるレストランとして高評価を得ている。ランチタイムは子ども連れのお客さまの利用も増えてきている。ある日,Xレストランとしては初めての,子どもの誕生会の予約申込みの電話が入った。

　Aさん　　：「お電話いただき,ありがとうございます。お子さまの誕生日のお食事会のご予約でございますね。」

　お客さま：「来週の土曜日の12時から,14名で予約はできますか?」

　Aさん　　：「はい,今のところ席は空いております。誕生日を迎えられるお子さまは,おいくつでいらっしゃいますか?」

　お客さま：「今度5歳になります。」

　Aさん　　：「5歳の節目の歳でございますね,おめでとうございます。」

　お客さま：「ありがとうございます。」

　Aさん　　：(　①　)

その後,Aさんは,お客さまに以下の②~⑤の確認をした。

「②参加なさるお子さまは何名でしょうか?」

「③お子さま用のナイフやスプーンが必要な方は何名でしょうか?」

「④お客さまの中に食物アレルギーがある方,食べられない食材がある方などいらっしゃいますか?」

「⑤お子さま用のコップはプラスチック製の物もご準備できますが,どうなさいますか?」

空欄①に入るＡさんの言葉に関する記述について，ホスピタリティ・コミュニケーションの観点から，最も適切なものは次のうちどれですか。

- -

(1)「当レストランのようなお店を予約してのお誕生会は初めてでいらっしゃいますか。お子さまが緊張されないといいですね。」

(2)「お子さまにとっても，親御さまにとっても，楽しみな会になるといいですね。お友だちも，きっとご招待を受けて喜ばれることと思いますよ。」

(3)「お子さま方によい思い出ができるよう，きちんと準備をしてお迎えいたしますね。どうか気兼ねなく楽しんでいただけますと幸いです。」

(4)「お子さまによっては途中で飽きてしまうこともあるかもしれませんが，そのようなことにならないよう，できる限りの工夫をしてまいりますね。」

解答解説 【問12】(3)

解説：(1)「緊張されないといいですね」とは，店の雰囲気などを知ったうえで予約したお客さまを信頼していない言い方であり，望ましくないといえます。(2)子どもの誕生会は，招待する人数を慎重に吟味している場合が多く，お客さまに対して上から目線で発言しているような印象を与えるため，「お友だちも，きっとご招待されて喜ばれることと思いますよ」という言い方は，気づかいの不足した対応であるといえます。(4)「途中で飽きてしまうこともあるかもしれませんが」は，子どもの性格等を知らないまま発言している，礼を欠いた言い方であるといえます。

【問13】　　　　　　　　　　　　　　　　　　　　　　　　　　　　　実践

　Aさんが下線部②〜⑤を確認した目的に関する記述について，適切でないものは次のうちどれですか。

----

(1)②は，チャイルドチェアを準備しておくための確認である。

(2)③は，使い慣れたスプーンやナイフを各自持ってきてもらうようお願いするための確認である。

(3)④は，料理を安心して，かつ，楽しんで食べてもらうための確認である。

(4)⑤は，ガラスのコップを割ってしまうなどのケガをしないようにするための確認である。

解答解説　【問13】(2)

解説：(2)子ども用のナイフやスプーンが必要な人数は，お客さまに持ってきてもらうためではなく，レストラン側で準備するために確認しています。

第 3 章

ホスピタリティ・マインド
の育て方

第 1 節

自分自身の感情を知る

1　自分自身の感情を知ることの重要性

☑ホスピタリティ・マインドにおいて、<u>相手と自分の違いを認識するためには、まず、自分自身について知っておくことが必要である</u>。「もやもやして何か落ち着かない」、「何も感じていないつもりでもなぜか体調が悪い」、「自然と鼻歌が出る」、「自然とにやにやしてしまう」等のように、自分がどんな感情をもっているのか、なぜその感情を抱いたのか、正確にわかっていない場合がある。

☑自分が、どんな感情をもっているのか、なぜそう感じるのか理解することができれば、相手を理解するのに役立ち、自分にとって望ましくない感情を抱いたときにそれを取り除き、好ましい感情に変えていくこともできるようになる。

2　自分自身について書き出してみる、日記を書く

☑具体的なテーマを決めて、自分自身の考えや思いを紙に書き出してみることが有効である（パソコンやスマホへの書き込みも可）。

☑できれば、書きっぱなしにするのではなく、書き出したものをじっくりと眺め、なぜそのことを書き出したのか理由を考えてみるとよ

い。

☑それにより、「自分はこんなことを考えていたのか」「自分の考え方にはこんな傾向があったのか」と、自分でも気づかなかった一面を発見することができる。

○書き出してみるテーマの例
• 好きなこと、嫌いなこと
• 得意なこと、不得意なこと
• 嫌いじゃないこと、好きじゃないこと
• 悩んでいること
• 怖いと思っていること
• これからの夢

☑日記を書くことも自分を理解することに役立つ。その際、その日のできごとだけを書くのではなく、それによって自分がどう思ったか、どう感じたか（短い言葉や単語だけでも可）について素直に書くことで、自分がどんな出来事にどんな感情をもつのか、自分の感情のくせを見つけることができるようになる。

3　親しい人に自分がどんな人間か聞いてみる

☑自分が思う自分と、人が感じている自分の間には何かしらギャップがある。自分で自分を判断するだけでなく、家族や友人など、親しい人や自分のことを大切に思ってくれている人に、自分はどんな人間なのかを聞いてみることで、自分では気づかなかった自分の姿を発見することができる。

CHECK! ジョハリの窓

　心理学者のジョセフ・ルフトとハリー・インガムが考案した心理学モデルに、自分の心を 4 つの窓に分けてとらえる「ジョハリの窓」がある。このモデルを活用すれば、自分と他人の認識の違いを可視化することができる。

	自分が知っている	自分が知らない
他人が知っている	開放の窓 自分も他人も知っている自己	盲点の窓 自分は気づいていないが他人は知っている自己
他人が知らない	秘密の窓 自分は知っているが他人は気づいていない自己	未知の窓 誰からも知られていない自己

4　ツールを活用する

☑ジョハリの窓のほか、自己分析をする方法には、次のようなツールがある。

さまざまな自己分析ツール

交流分析　Transactional Analysis（TA）

アメリカの精神科医エリック・バーン博士によって提唱された心理学理論。自分自身の自我の状態や、人と人が関わるときのパターンなどについて体系的にまとめられている（交流分析については本章第2節参照）。

こころの知能指数　Emotional Intelligence Quotient（EQ）

米国イェール大学のピーター・サロベイ博士とニューハンプシャー大学のジョン・メイヤー博士によって論文発表され、同じく米国の心理学者ダニエル・ゴールドマンが著書の中で広く提唱した理論。知能指数（IQ）と対比した概念で、「自分の心理状態の把握」「他者への適切な働きかけ」「自分と相手の関係の客観的判断」などについて、総合的に指標化することができる。

エニアグラム

エニアグラムとは、円周上の9つの点と、それらの点をつなぐ線からなる幾何学図形のことをいい、これを性格診断にあてはめ、人間の特徴を9つの性格タイプ（「改革する人」「人を助ける人」「達成する人」「個性的な人」「調べる人」「忠実な人」「熱中する人」「挑戦する人」「平和をもたらす人」）に分けて説明している。

DiSC®
米国John Wiley & Sons社著作権保有　HRD株式会社日本語版開発権および総代理店

ウィリアム・M・マーストン博士によって提唱され、その後、行動科学者であるジョン・ガイヤー博士により応用された自己分析ツール。人間の行動パ

ターンを4つ（「主導：Dominance」「影響：Influence」「安定：Steadi-ness」「慎重：Conscientiousness」）に分けて分析している。

自分と相手を知るための
交流分析

1 交流分析の概要

☑自分を知るためのツールの一つである交流分析は、<u>人間の感情や思考、行動について、わかりやすい言葉で、記号や図式を用いながら説明</u>している。自分自身だけでなく、相手の行動や性格についての理解も助けることができる。

☑交流分析は、グループ療法やカウンセリングなどの医療分野だけでなく、教育分野や企業研修など、さまざまな領域で活用されている。

☑一般的に、交流分析は構造分析、やりとり分析、ゲーム分析、脚本分析の4分野に分けられており、その土台としてストローク理論がある。この節では、交流分析のうち、構造分析、やりとり分析、ストロークについて学習する。

☑交流分析について学習し自分自身の自我に気づくことで、<u>自分の性格のアンバランスなところを見つけ出し、自我状態を自分で切り替えることができるようになる。</u>

☑自分と同様に、相手にも自我があることを理解し、自分と相手の自我状態を意識することで、心から相手を尊重したうえで、ホスピタリティを実践できるようになる。

交流分析の 4 分野とストローク

構造分析	やりとり分析	ゲーム分析	脚本分析
人間の心を3つまたは5つの「自我状態」に分けて理解する分析方法。自我状態を数値化してグラフに表すことができる（エゴグラム）。	自分と相手の「自我状態」の間において、言葉や態度、行動の交流（やりとり）パターンにはどのような特性があるか分析する。	交流の中でワナを繰り返し、人間関係をこじれさせる「ゲーム」について分析する。ゲームに気づくことで、その対処方法がわかる。	自分で自分の役割を固定化してしまっている人生の「脚本」について分析する。それまでの支配的な脚本を書き直すことにつながる。

ストローク

話しかけたりうなずいたりする、相手の存在や価値を認めるための言動を「ストローク」という。他人から受けるストロークの質や量が、人間の心の状態に大きな影響を与える。

2　構造分析

3つの自我状態

☑人間の人格は、次の3つの自我状態によってかたちづくられている。自我状態とは、あるできごとに対する一連の心の動きや行動パターンのことをいい、さまざまな外からの刺激に対して、この<u>3つの自我が組み合わされて反応</u>している。

P（Parent）：親の自我
　両親や自分を育ててくれた人たちの考え方、行動、感じ方がもととなった自我
A（Adult）：大人の自我
　過去の知識や経験をもとに、評価、修正して合理的に判断する現在の自我
C（Child）：子どもの自我
　子どものころの感情や行動、親に対応するために身につけた反応がもととなった自我

5つの自我状態

☑これら3つの自我のうち、PとCはさらに2つに区分され、全部で5種類の自我が一人の人間をかたちづくっている。

5種類の自我状態とその特徴

自我状態	特徴
CP（批判的な親） Critical Parent 私にまかせなさい！	子どもたちが生きていくうえで必要な規則などを厳しく教えるように、自分の価値観や考えを正しいものとして、他者に対して批判や非難を行う自我。責任感が強くリーダーシップがある反面、この自我が強すぎると、尊大で支配的な態度や命令口調が多くなる。
NP（保護的な親） Nurturing Parent わかるよ…	子どもの成長を助けるように、人の苦しみを自分のことのように感じ取ろうとし、相手を励まし、いたわり、親身になって面倒をみたりする自我。やさしく世話好きである反面、この自我が

		強すぎると、過保護となり、相手の独立心を奪ってしまうことがある。
A（大人） Adult 具体的に言うと…		事実にもとづいて物事を観察し、整理・統合して合理的に判断しようとする自我。知性や理性とも関連し、よくコンピューターにたとえられる。冷静で理性的である反面、この自我が強すぎると、人間味がなく評論家的とみなされることがある。
FC（自由な子ども） Free Child うれしい！		子どものときの言動と同じように、何事にもしばられず、自由に感じたり行動したりする自我。明るくユーモアに富み、自然の感情を素直に表す反面、この自我が強すぎると、自分を自制できず軽率な言動をすることがある。
AC（順応する子ども） Adapted Child 〜していいでしょうか。		本当の自分を抑えて親や先生の期待に応えようとするように、周囲に順応する自我。協調性があり我慢強い反面、内部に憂鬱や恨み、劣等感などを抱えていることがあり、突然怒りだしたり、反抗したりすることがある。

エゴグラム

☑ 5つの自我状態をグラフで表したものをエゴグラムという。

☑ 次の質問に、「はい（○）」「どちらでもない（△）」「いいえ（×）」で答え、○を2点、△を1点、×を0点として、項目ごとの合計点を計算する。

①CP（批判的な親） 合計 点	○△×	点
1	人の言葉をさえぎって、自分の考えを述べることがある		
2	他人を厳しく批判する		
3	待ち合わせ時間を厳守する		
4	理想をもって、その実現に努力する		
5	社会の規則、倫理、道徳などを重視する		
6	責任感を強く人に要求する		
7	小さな不正でも、うやむやにしない		
8	子どもや部下を厳しく指導する		
9	権利を主張する前に義務を果たす		
10	「……すべきである」「……ねばならない」とよく言う		

②NP（保護的な親） 合計 点	○△×	点
1	他人に対して思いやりの気持ちが強い		
2	義理と人情を重視する		
3	相手の長所によく気が付く		
4	他人から頼まれたらイヤとは言えないほうである		
5	子どもや他人の世話をするのが好きだ		
6	融通がきくほうである		
7	子どもや部下の失敗に寛大である		
8	相手の話に耳を傾け、共感するほうだ		
9	料理、洗濯、掃除などは好きなほうだ		
10	社会奉仕的な仕事に参加することが好きだ		

③A（大人）　　　　　　　　　　合計　　点		○△×	点
1	自分の損得を考えて行動するほうだ		
2	会話で感情的になることが少ないほうだ		
3	物事を分析的によく考えてから決める		
4	他人の意見は、賛否両論を聞いて参考にする		
5	何事も事実にもとづいて判断する		
6	情緒的というより、むしろ理論的なほうだ		
7	物事の決断を苦労せずにすばやくできる		
8	能率的にてきぱきと仕事を片付けていくほうだ		
9	先（将来）のことを冷静に予測して行動する		
10	身体の調子が悪いときは、自重して無理を避ける		

④FC（自由な子ども）　　　　　　合計　　点		○△×	点
1	自分をわがままだと思う		
2	好奇心が強いほうだ		
3	娯楽、食べ物など満足するまで求める		
4	言いたいことを遠慮なく言ってしまうほうだ		
5	欲しいものは手に入れないと気がすまないほうだ		
6	「わあ」「すごい」「へぇ」など感嘆詞をよく使う		
7	直観で判断するほうだ		
8	興にのると度をこし、はめをはずしてしまう		
9	怒りっぽいほうだ		
10	涙もろいほうだ		

⑤AC（順応する子ども）	合計　　　点	○△×	点
1	思っていることを口に出せない性質だ		
2	人から気に入られたいと思う		
3	遠慮がちで消極的なほうだ		
4	自分の考えを通すより妥協することが多い		
5	他人の顔色や言うことが気になる		
6	つらいときには我慢してしまうほうだ		
7	他人の期待に沿うよう過剰な努力をする		
8	自分の感情を抑えてしまうほうだ		
9	劣等感が強いほうだ		
10	現在「本当の自分」から離れているように思う		

新里里春ほか『交流分析とエゴグラム』（チーム医療）より

☑①〜⑤の合計点を、次のグラフに記入して、折れ線グラフをかいて
　みると、自分自身の心のエネルギーがどの自我状態に集中している
　のかがわかる。

あなたのエゴグラム

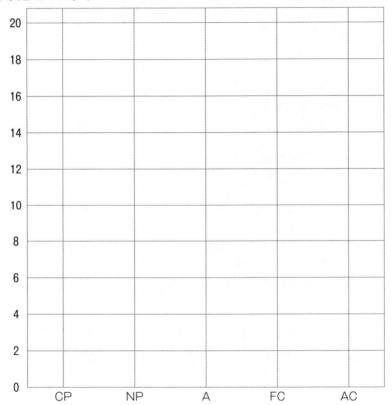

基本的構えとエゴグラム

☑ 交流分析の理論の一つに**基本的構え**というものがある。これは、これまでの人生の経験を通して、「自分」や「他者」に対してどう感じ、どんな判断をしているかについて表したものである。

☑ 基本的構えは、「自分」と「他者」について「OK」（愛されている、生きている価値がある、など）と感じているか、「OKでない」（愛されるに値しない、劣っている、など）と感じているかによって4

つに分類される。エゴグラムは人それぞれ異なるが、基本的構えに
よる分類とエゴグラムの間には一定の傾向がある。それぞれの典型
的なエゴグラムは次のようになっている。

4つの基本的構えとエゴグラムの関係

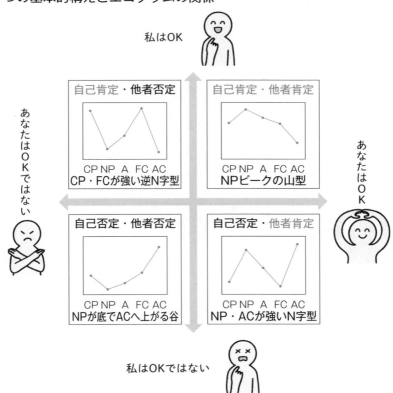

新里里春ほか『交流分析とエゴグラム』（チーム医療）より

自我の高め方

☑心が安定している人は、P、A、Cのバランスがよく、時と場合によっ
て、P、A、Cの間を往来することができる。一般的に望ましいエ

ゴグラムは、ゆるやかな山型や、ジグザグが少ない平型といわれている。自分のエゴグラムの中で、低いところを上げる言動を実践してみることで、自分自身の自我の配分を変えていくことができる。

自我状態のエネルギーを高める方法

高めたい自我状態	高める言動
CP（批判的な親）	・「私は〜と思う」など、自分の考えをはっきりと主張する。 ・部下や子どもの間違いを、できるだけその場で指摘する。 ・生活の時間割をつくり、それを守る。 ・何かを選択するとき「どちらでもよい」ではなく、どちらかに決める。
NP（保護的な親）	・「あなたはこう思うのね」など、相手の気持ちを認める言葉を言う。 ・相手のよい点、好ましい点を見つけてほめる。 ・相手に関心があるという態度を示す。 ・子どもや、弱い立場にある人の世話をしたり援助をしたりする。
A（大人）	・「それは〜ということですか」など、話の内容を確かめたり、要約したりする。 ・物事を分析し、規則性がないか調べる。 ・自分の意見を文章に書く。 ・1日、1週間、1か月、1年間の計画を立て、それに従って行動する。
FC（自由な子ども）	・「楽しい」「おいしい」など、感情を素直に口に出す。 ・冗談を言って人を笑わせる。 ・芸術や娯楽を楽しむ。 ・不快なことはやめる。

AC（順応する子ども）	・「すみませんが〜してもいいですか」など、行動の前に相手の許可をもらう。 ・相手がどう感じたかを確かめ、気分を害さないように配慮する。 ・悪かった点は素直に謝る。 ・批判せずに、まずは言われたとおりに行動してみる。

3　やりとり分析

☑構造分析における３つの自我を応用して、人と人とが日常で行うやりとり（コミュニケーション）を分析するのが「やりとり分析」である。「やりとり」には、言葉で行う言語的なコミュニケーションだけでなく、表情、態度、声の調子などの非言語的コミュニケーションや具体的な行動も含まれる。

☑やりとりを通して、日ごろ、自分と相手がどのような関わり方をしているのか理解することで、どうすればもっとスムーズに対処できるのかがわかり、意識的にやりとりをコントロールできるようになる。

☑交流分析では、基本的なやりとりのパターンを次の３つに分類している。

- 相補的やりとり
- 交差的やりとり
- 裏面的やりとり

相補的やりとり

☑ある自我状態から出されたメッセージに対して、予想どおりの反応が返ってくるやりとりを「相補的やりとり」という。

☑やりとりの方向が平行になり、相手が期待どおりの反応をしてくれるため、「受け入れてもらえた」と感じて会話がスムーズに進行する。

会話例3　①C→C、②C→Cのやりとり

①今日は給料日だ！飲みに行かないか？

②いいね、行こう、行こう！ビールが飲みたいよ

会話例4　①C→P、②P→Cのやりとり

①あー疲れた！もう何にもする元気がないよ

②無理しないで。今日はゆっくり休んだら…

交差的やりとり

☑ ある自我状態から出されたメッセージに対して、予想外の反応が返ってくるやりとりを「交差的やりとり」という。

☑ やりとりの方向が交差し、相手の反応が予期しないものなので、混乱や失望を招き、会話が中断したり、ぎくしゃくしたりすることがある。

裏面的やりとり

☑言葉で表現されたメッセージの裏に、別のメッセージが隠されている場合のやりとりを「裏面的やりとり」という。

☑「裏面的」といっても、相手をだましたり、皮肉を言って相手を貶(おとし)めたりすることだけでなく、円滑な人間関係を維持するために、本当の気持ちを隠してやりとりを行う場合もある（「ウソも方便」）。

会話例1　①A→A（①' P→C）、②A→A（②' P→C）のやりとり

表面的
①素敵なネックレスね。とてもお似合いよ

表面的
②ありがとうございます。パリで買ったんですの

裏面的
①' 派手すぎるわ。ネックレスが歩いているみたい

裏面的
②' あなたに本物の価値がわかるもんですか

会話例2　①C→P（①' A→A）、②P→C（②' A→A）のやりとり

表面的
①先生、おいしいものを食べたほうが健康になるんじゃないですか

表面的
②たしかにストレスの解消には、おいしいものを食べるのはいいことです

裏面的
①' こんなまずい病院食じゃかえってストレスで病気が悪化するよ

裏面的
②' あなたはストレスより栄養管理のほうが重要なんですよ

├ 気持ちのよいやりとりのために ┤

☑気持ちのよいやりとりをするために、次のことを心がけることが必
要である。

●相補的やりとりを心がける：相手から期待したような反応が返って
くると、人は安心感をもつ。メッセージを発した人がどのような自
我でそのメッセージを出したのか理解して、まず、相補的な反応を
返すようにする。

●表面的な言葉の裏に隠された感情をくみ取り、その気持ちに反応する
：表面的な言葉の裏に隠されたメッセージは、表情や声のトーン、
態度に何かしら表れるものである。相手を観察して裏面的なメッ
セージをくみ取り、その本当の気持ちに対して相補的な反応を返す
ようにする。

●「大人（A）」の自我を働かせる：相手が「子ども（C）」の自我から
怒りや激しい感情をぶつけてきたときは、そのまま「子ども（C）」
の自我や「批判的な親（CP）」の自我で反応するのではなく、いっ
たん「大人（A）」の自我を働かせて、冷静に対応方法を考える。

4　ストロークとディスカウント

☑ストロークという言葉は、辞書的には「打つこと、なでること、さ
すること」といった身体的な接触を意味するが、交流分析では、こ
うした肌の触れ合いの他に心のふれあいも含んでおり、相手の存在
や価値を認めるための言動や働きかけを意味すると考えられている。

☑身体の成長のために栄養が必要なように、人間の成長には、人から
ほめられることや感謝されることなどの、他人から与えられる「心
の栄養」が不可欠である。

☑実際に、抱っこやほおずりをしたり、話しかけたりしながら食べ物

を与えた赤ちゃんと、何もせずに同じ食べ物を与えた赤ちゃんとでは、身長・体重の増加、言葉の習得等に明らかな差が生じたという調査結果もある。

ストロークの種類

● 肯定的ストローク・否定的ストローク：肯定的ストロークとは、相手を幸せな気持ちにさせ、その存在に意味や自信を与えるストロークのことで、肯定的ストロークを受け取ることで、人は意欲がわき、成長していくことができる。逆に否定的ストロークは、相手を不快にさせ憂鬱にさせるもので、それを受けると人は自信を失っていく。

● 身体的ストローク・心理的ストローク・言語的ストローク：ストロークは、表現方法によって身体的ストローク・心理的ストローク・言語的ストロークに分類することができる。

ストロークの種類別の表現方法例

	身体的	心理的	言語的
肯定的ストローク	・なでる ・さする ・抱擁する ・握手する ・愛撫する	・ほほえむ ・うなずく ・相手の言葉に耳を傾ける ・目を合わせる	・ほめる ・なぐさめる ・はげます ・語りかける ・挨拶をする ・名前を呼ぶ
否定的ストローク	・たたく ・なぐる ・ける ・つねる ・暴力をふるう	・返事をしない ・にらみつける ・あざわらう ・無視する ・信頼しない	・叱る ・悪口をいう ・非難する ・責める ・皮肉をいう

桂戴作ほか『交流分析入門 』（チーム医療）より

●条件付ストローク・無条件ストローク：条件付ストロークとは、相手の行為に対するストロークで、無条件ストロークとは、相手の存在そのものに対するストロークのことをいう。

条件付ストロークの例	・「あなたは、いつも親切にしてくれるから好きです」（肯定的ストローク） ・「その服、似合いますね」（肯定的ストローク） ・「あなたは、そうやって皮肉をいうから嫌いなの」（否定的ストローク） ・「こんな書類の書き方じゃだめだ」（否定的ストローク）
無条件ストロークの例	・「愛してるよ」（肯定的ストローク） ・「君はすばらしい」（肯定的ストローク） ・「お前なんか嫌いだ！」（否定的ストローク） ・「このばか者！」（否定的ストローク）

ディスカウント

☑人間の存在を無視・軽視する言動をディスカウントという。否定的ストロークと似ているが、否定的ストロークが「相手の存在を認めたうえで否定的な言動をする」ことであるのに対し、ディスカウントは、「存在さえも認めない」という点で、否定的ストローク以上に相手を傷つける行為であるといえる。

☑ディスカウントの対象は「他者」に限らず、「自分自身」である場合や「現実の状況」である場合もある。「自分自身」をディスカウントすると、自分の存在価値が信じられなくなって精神を病んでしまう可能性がある。「現実の状況」をディスカウントすると、自分が置かれている状況や世の中の状況を正しく認識できず、その状況から抜け出すことがなかなかできない。

☑物事がうまくいかないと感じるときは、自分が何かをディスカウン

トしていないか見つめ直してみることが重要である。

ストロークバンク

　人から受け取るストロークを銀行口座のようなストロークの口座に出し入れしていくという考え方をストロークバンクという。人から肯定的ストロークを受け取るとストローク残高が増え、否定的ストロークを受け取ると残高が減る。

　これまでの人生経験を通してストローク残高が豊富にある人は、他人に対して肯定的ストロークを与えることができる。一方、残高が少ない人は、他人に対して肯定的ストロークを与える余裕がない。

　銀行口座と同じように、プラスとマイナスのストロークを自分で上手に管理することが大切である。

心に余裕をもつ

1　心に余裕をもつことの重要性

☑自分自身の感情を理解することができても、<u>自分のことだけで精一杯だと、相手の状況や感情を理解して、受容することはできない。</u>自分自身の感情をコントロールし、相手の立場に立って行動するためには、心に余裕をもつことが必要である。

☑まずは、自分自身で自分の感情をコントロールする方法を身につけてみよう。たとえば、一時的に怒りを感じて興奮状態になったときは、6秒間我慢して、怒りのもとの思い込みやこだわりを捨てて割り切ることで、怒りを静めることができる。

2　計画を立てて実行する

☑人は誰しも「こういう人間になりたい」という夢や希望をもっているが、そう思っているだけで、そのために何もしなければ、夢や希望を実現することはできない。夢や希望の実現に向けて、まずは漠然とした夢や希望を達成するまでの道のりを、具体的な行動計画に落とし込んでみることが必要である。何をすればよいのかはっきりさせることで、自分の将来への道筋が見えてきて、余計な心配事が

少なくなる。

☑ 行動計画を立てたら、次はその計画を実行に移す。途中段階であっても、自分が今どの位置にいるのかがわかり、実行している自分に自信がもてるようになる。

☑ 行動計画の達成状況を振り返り、改善が必要なことがあれば、計画を見直す。この過程を繰り返していくうちに、自然と自分の夢や希望へ近づいていき、自信が生まれて自分以外の人についても気づかう余裕が出てくるはずである。

PDCAサイクルの例

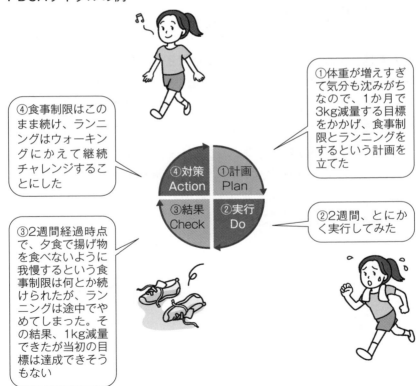

④食事制限はこのまま続け、ランニングはウォーキングにかえて継続チャレンジすることにした

①体重が増えすぎて気分も沈みがちなので、1か月で3kg減量する目標をかかげ、食事制限とランニングをするという計画を立てた

④対策 Action ①計画 Plan
③結果 Check ②実行 Do

②2週間、とにかく実行してみた

③2週間経過時点で、夕食で揚げ物を食べないように我慢するという食事制限は何とか続けられたが、ランニングは途中でやめてしまった。その結果、1kg減量できたが当初の目標は達成できそうもない

3　ストレスを解消する

☑「おいしいものを食べる」「スポーツする」「趣味に没頭する」など
のように、これをするとすっきりする、嫌なことを忘れる、という
自分なりのストレス解消方法を見つけておくことが有効である。そ
れにより、強いストレスを感じたときや、人のことを考える余裕が
なくなってきたときに、自分自身の力で肩の力を抜き、心を穏やか
な状態に戻すことができる。

4　記憶を整理する

☑人間は、忘れることにより、悲しいできごとや不幸なできごとから
立ち直ることができる。自分の記憶を整理して、「覚えておいたほ
うがよいこと」は何度も繰り返し思い出して記憶の定着を図り、「忘
れたほうがよいこと」は、意図的に考えるのをすっぱりやめて忘れ
てしまうことが重要である。どうしてもそのことを考えてしまう場
合は、まったく別のことに集中すると、頭を切り替えることができ
る。

第 **4** 節

観察力・想像力を鍛える

1   観察力・想像力の重要性

☑ 自分以外の人の状況や感情を理解するためには、その人に興味・関心をもって観察すること、そして自分がその人の立場だったらと想像力を働かせることが必要である。

☑ 相手に興味・関心をもたないまま観察しても、視線を向けていても見ていない、声は耳に入ってきても聞いてないこととなり、相手の状態や感情をきちんと推し量ることができない。

2   小説を読む、映画・ドラマを見る

☑ 人は、自分自身の人生しか経験することができない。いろいろな人間の気持ちや行動を知るためには、自分以外の人の人生を別のかたちで経験することが必要となる。そこで、小説や映画・ドラマなどで他人の人生を疑似体験することが有効である。

☑ 小説には、人間の感情や行動、その動機などが文章で書かれており、行間から想像を膨らませることもできる。映画やドラマの映像作品には、セリフや表情、ボディランゲージによって登場人物の感情が表現されている。途中ではさみ込まれた風景など、人物以外で感情

が描写されることもあり、制作者の意図を想像してみるのも興味深い。

☑作品のテーマや登場人物に必ずしも共感する必要はないが、その場合でも「世の中にはいろんな人がいる」ということを知る手助けになる。物語を通してさまざまな人の心の動きに触れることで、自分自身の感受性を養うことができる。

$$ \boxed{\text{3 「自分だったら」と想像してみる}} $$

☑周囲の人やニュースに登場する人などについて、「自分だったら」「自分の家族だったら」と想像してみることも、想像力を鍛えることにつながる。現在、世の中で起こっている悲惨なできごとは、他人の痛みを想像できないことが原因となっている場合が多い。

☑「自分だったら」と置き換えるのは、必ずしも人間に限るわけではない。人間以外の動物や、植物、無機物に我が身を置き換えて考えることを習慣化すれば、動物虐待や環境問題等についても、さまざまな視点の考え方を理解することができるようになる。課題解決の場面では、自分の考えを主張するだけでなく、相手に共感する姿勢を見せることで、お互いが納得しやすい解決策を見つけることにもつながる。

もし、自分や家族が被災者だったら……

もし、自分が虐待されている犬だったら……

もし、自分がゴミを不法投棄された海だったら……

確認問題

[問14]　　　　　　　　　　　　　　　　　　　　　　　　　基本

　自分自身の感情を知る方法に関する記述について，適切なものの組合せは次のうちどれですか。

(a)「心の知能指数（EQ）」は，情報の認知と処理に関する能力であり，厳密な検査に基づき数値化することができる。

(b)「エゴグラム」は，自我状態を客観的に分析するツールであり，どの自我状態が強いかは，その時々によって異なる。

(c)「ジョハリの窓」は，自己と他者から見た自己の領域を表すものであり，自己理解や対人関係の進展に活用することができる。

----

(1)　(a)　(c)

(2)　(b)　(c)

(3)　(a)　(b)

解答解説　【問14】(2)

解説：(a)×EQは，「自分の心理状態の把握」「他者への適切な働きかけ」「自分と相手の関係の客観的判断」などをする能力について，総合的に指標化するものです。情報の認知と処理に関する能力はIQ（知能指数）です。(b)○　(c)○

心に余裕をもつ方法に関する記述について，適切でないものは次の
うちどれですか。

- -

(1)ストレスが原因で自分の心に余裕がなくなってきたと感じたとき
　は，「おいしいものを食べに出かける」「趣味の読書に没頭する」な
　ど，自分なりのストレス解消法を実践すると，穏やかな心の状態に
　戻すことができる。

(2)自分の夢や希望の実現のために，PDCAサイクルに沿った行動計画
　を立てた後，定期的に達成状況の振り返りを行い，必要に応じて計
　画を改善するとよい。

(3)悲しいできごとや不幸なできごとがあった場合，その時の感情を忘
　れずに記憶しておくことで，幅広い感情がもて，自身の心を癒すこ
　とができる。

解答解説 【問15】(3)

解説：悲しいできごとや不幸なできごとを鮮明に記憶していると，いつ
までも癒されず，かえって辛い日々になってしまうことがあります。忘
れた方がよいできごとは，意図的に考えることをやめるほうがよいとい
えます。

【問16】　　　　　　　　　　　　　　　　　　　　　　　　実践

　観察力・想像力を鍛えるための方法に関する記述について，最も適切なものは次のうちどれですか。

(1)「自分だったら」と置き換えて考える対象は，基本的に人間に限ることが望ましい。
(2)課題解決の場では，自分の考えを主張し続ければよく，相手への共感姿勢は示さなくてもよい。
(3)自分がその人の立場だったらと想像力を働かせる場合，対象に関心をもって観察する必要がある。
(4)小説を読んだり，ドラマを見たりするときは，作品テーマや登場人物に共感する必要がある。

解答解説　【問16】(3)

解説：(1)自分と置き換える対象は人間に限りません。(2)課題解決の場面では，自分の考えを主張するだけでなく相手へ共感する姿勢を見せることも必要です。(4)小説やドラマによって自分以外の経験を疑似体験することが重要で，必ずしもテーマや登場人物に共感する必要はありません。

ジョハリの窓に関する記述について，適切でないものは次のうちどれですか。

- -

(1)「秘密の窓」が大きいほど，他人が気づいていない自己の認識部分が多いことを表している。

(2)「開放の窓」が小さい場合，他人から「よくわからない人」と思われる傾向がある。

(3)「未知の窓」を広げることで，自己開発を促進することができる。

(4)「盲点の窓」が大きいということは，自分自身をよく理解できていないことを表している。

解答解説 【問17】(3)

解説：自己開発のためには，自分を含めて誰からも知られていない自己である「未知の窓」を狭めていき，同時に，自分も他人も知っている自己である「開放の窓」を広げていくことが必要です。

【問18】　　　　　　　　　　　　　　　　　　　　　　　　　基本

　交流分析に関する記述について，適切でないものは次のうちどれですか。

----

(1)一般的に，交流分析は「構造分析」「やりとり分析」「ゲーム分析」「脚本分析」の4分野に分けられており，その土台として「ストローク理論」がある。

(2)交流分析は，人間の感情や思考・行動について知ることができる心理学理論であり，自分自身を理解するための方法として優れているが，他者への理解については適用が難しい面がある。

(3)「P」,「A」,「C」の各自我状態のバランスが良く，時と場合によって「P」,「A」,「C」の自我を使い分けられる人は，心が安定している人であるといえる。

解答解説　【問18】(2)

解説：交流分析は，人間の感情や思考・行動について知ることができる心理学理論です。交流分析を活用することで，自分自身だけでなく，他者の自我に関する理解も深めることができます。

　やりとり分析に関する記述について，適切でないものは次のうちどれですか。

----

(1)やりとり分析には「相補的やりとり」「交差的やりとり」「裏面的やりとり」の3分類がある。

(2)やりとり分析の対象は，言葉で行う言語的なコミュニケーションであり，非言語的コミュニケーションは含まない。

(3)構造分析の3つの自我を応用し，人と人とが日常で行うやりとりを分析することが，やりとり分析である。

解答解説　【問19】(2)

解説：交流分析でいう「やりとり」には，言葉で行う言語的コミュニケーションだけでなく，表情，態度，声の調子などの非言語的コミュニケーションや具体的な行動も含まれます。

【問20】 ── 基本

　ストロークの種類とその例に関する組合せについて，最も適切なものは次のうちどれですか。

	種類	例
(1)	「条件付きストローク」×「肯定的ストローク」	その洋服，とても似合いますね
(2)	「無条件ストローク」×「否定的ストローク」	このような書類の書き方ではいけません
(3)	「条件付きストローク」×「否定的ストローク」	あなたのことが，あまり好きではありません

解答解説 【問20】(1)

解説：「条件付きストローク」とは相手の行為に対するストローク，「無条件ストローク」とは，相手の存在そのものに対するストロークのことをいいます。(2)は「条件付きストローク」×「否定的ストローク」の例であり，(3)は「無条件ストローク」×「否定的ストローク」の例です。

やりとり分析における，AさんとBさんの会話とその自我状態の組合せについて，適切でないものは次のうちどれですか。

	会話	自我状態
(1)	Aさん：「もう10時だ，あと10分以内に出ないと間に合わない。」 Bさん：「どうしてもっと早く起きないんだ！」	Aさん：「A」 → 「A」 Bさん：「A」 → 「C」
(2)	Aさん：「今日は給料日だから，飲みに行かない？」 Bさん：「いいね，行こう！　ビールが飲みたいよ。」	Aさん：「C」 → 「C」 Bさん：「C」 → 「C」
(3)	Aさん：「あー疲れた，もう何もする元気がないよ。」 Bさん：「無理しないで，今日はゆっくり休んだら？」	Aさん：「C」 → 「P」 Bさん：「P」 → 「C」

解答解説 【問21】(1)

解説：(1)のBさんの発言は，自分の方が高い立場に立って，相手を叱責するような言い方をしていることから，「P」→「C」のやりとりであるといえます。

【問22】　　　　　　　　　　　　　　　　　　　　　　　　　　実践

　交流分析およびエゴグラムに関する記述について，最も適切なもの
は次のうちどれですか。

- -

(1)心が安定している人は，「P」，「A」，「C」の3つの自我状態のバラン
　スがよい状態であるが，「P」，「A」，「C」の間を往来することは
　できないといわれている。

(2)交流分析における「基本的構え」とは，これまでの人生の経験を通
　して，「自分」「他者」についてどう感じ，どのような判断をしてい
　るか表したものである。

(3)一般的に望ましいエゴグラムは，「「NP」が底で「AC」へ上がる谷」
　の型や，「ジグザグが強いN字」の型であるといわれている。

(4)自分のエゴグラムの中で，高すぎるところがある場合は，それを低
　める言動を実践することで，自我状態のバランスをとることができ
　る。

解答解説　【問22】(2)

解説：(1)時と場合によって，「P」，「A」，「C」の間は往来することが
できます。(3)一般的に，望ましいのは「ゆるやかな山型」や「ジグザグ
が少ない平型」といわれています。(4)低いところがある場合は，低いも
のを高めて自我状態のバランスをとるとよいでしょう。

ストロークに関する記述について，適切なものの組合せは次のうちどれですか。

- -

(a)元気をなくし落胆している相手に対して，肩を軽くたたきながら慰めの言葉をかけることは，身体的・肯定的ストロークと心理的・肯定的ストロークを与えていることになる。

(b)相手にほほえみながら「がんばったね」という発言は，相手に心理的・肯定的ストロークおよび言語的・肯定的な無条件ストロークを与えていることになる。

(c)「そのような皮肉を言うと，人から嫌われるよ」という発言は，条件付・否定的ストロークを与えていることになる。

(d)人から受け取るストロークは，肯定的・否定的の区別なく，受け取る量が多ければ多いほど他人に対して肯定的ストロークを与えることができる。

- -

(1)　(a)　(b)

(2)　(b)　(c)

(3)　(a)　(c)

(4)　(b)　(c)　(d)

解答解説　【問23】(2)

解説：(a)肩を軽くたたくことは身体的・肯定的ストローク，慰めの言葉をかけることは言語的・肯定的ストロークに該当します。(b)○　(c)○
(d)人が肯定的ストロークを受け取るとストローク残高が増え，否定的ストロークを受け取るとストローク残高が減ります。これまでの人生経験でストローク残高が豊富にある人は，他人に対して肯定的ストロークを与えることができます。

【問24】　　　　　　　　　　　　　　　　　　　　　　　　　　　　実践

　下記のＡ課長と新人のＢさんとのやりとりに関する記述について，「交差的やりとり」として適切でないものは次のうちどれですか。

----

(1)　Ａ課長「最近の若い人は，世代の違う人との面と向かってのコミュニケーションは苦手なようだな。友達との交流もSNSでやっているのだろう？」

　　　Ｂさん「Ａ課長が若い頃は，スマホはなかったのですから，育った時代が違うので仕方がないと思ってください。」

(2)　Ａ課長「今月はすでに２回遅刻していますね。」

　　　Ｂさん「えー！　数えてたんですかー？　厳しいですねー！」

(3)　Ａ課長「最近のＢさんは，元気がないように感じるのだけれど，何か気になることでもあるの？」

　　　Ｂさん「実はペットの猫がいなくなってしまって，無事なのかどうか心配で眠れないんです。心配をかけてしまい申し訳ないです。」

(4)　Ａ課長「この間，Ｂさんに作成してもらった資料のことだが，ワードではなくてパワーポイントに替えてもらえる？」

　　　Ｂさん「えっ！　でしたら，初めからパワーポイントで作成するように指示してくださったらよかったです。」

解答解説　【問24】(3)

解説：(3)はＡ課長が「Ｐ」→「Ｃ」の自我で発言し，Ｂさんが「Ｃ」→「Ｐ」の自我で発言している「相補的やりとり」です。(1)はＡ課長が「Ｐ」→「Ｃ」，Ｂさんが「Ａ」→「Ａ」で発言している「交差的やりとり」です。(2)はＡ課長が「Ａ」→「Ａ」，Ｂさんが「Ｃ」→「Ｐ」で発言している「交差的やりとり」です。(4)はＡ課長が「Ａ」→「Ａ」，Ｂさんが「Ｐ」→「Ｃ」で発言している「交差的やりとり」です。

【問25】

【問25】 実践

下記のＡさんのストロークに関する記述について，適切でないものは次のうちどれですか。

----

(1)Ａさんは社内のエレベーター内で取引先の担当者のＢさんと乗り合わせた。エレベーター内にはＢさん以外の人も乗り合わせていたので，ＡさんはＢさんに笑顔で目礼をした。Ａさんの行動は肯定的ストロークである。

(2)Ａさんは休日にショッピングモールに出かけた。そこで偶然取引先の担当者Ｂさんの姿を目にした。休日なのでＢさんと会わないように隠れ，Ｂさんが通り過ぎるのを待った。Ａさんの行動は否定的ストロークである。

(3)雨の日の満員電車内で，隣に立っている人の濡れた傘がＡさんの服に触れた。Ａさんは顔をしかめ注意した。Ａさんの行動は肯定的ストロークである。

(4)Ａさんはミスをして落ち込んでいる新人のＢさんに，「慣れないうちは誰でもミスするもの。同じミスをしないように気を付けることが大事である」とアドバイスし励ました。Ａさんの行動は肯定的ストロークである。

解答解説 【問25】(3)

解説：顔をしかめて注意する行動は，相手が不快に感じる行動です。Ａさんの行動は肯定的ストロークではなく，否定的ストロークです。

【問26・問27】

　下記の事例にもとづいて、【問26】および【問27】に答えてください。

【登場人物（3名）】

・Aさん……化粧品会社G社で教育部門に所属。社内の研修開催担当
・Bさん……研修会社T社の所属講師
・C課長……Aさんの上司

【これまでの経過（Aさんの研修に向けた準備等）】

・化粧品会社G社では、希望する社員に対し「お客さま向け応対マナー研修」を実施することになった。G社の教育部門に所属しているAさんは、その研修に関する、参加者への案内、講師への依頼、参加者とりまとめ、資料の印刷、会場の予約、研修当日の運営など、研修実現のために必要な業務を担当することになった。

・Aさんは研修会社T社に依頼をし、研修会社の所属講師であるBさんに、「お客さま向け応対マナー研修」の講師を務めてもらうことになった。これまでAさんは、Bさんと電話やメールなどでやりとりをし、研修に向けて準備をしてきた。

・なお、G社では、「15人以上の参加者が集まらなかった場合、費用対効果を踏まえその研修は実施しないものとする」という、研修に関する内部規則がある。

【シーン1：AさんとBさんの電話での会話】

Bさん：「1ヵ月後の『お客さま向け応対マナー研修』、よろしくお願いいたします。①当日、参加者の皆さまに配布いただく資料が完成しましたので、メールでデータをお送りいたしま

す。」

Ａさん：「②ありがとうございます，早めにご用意いただいて助かり
　　　　ます。」

Ｂさん：「参加者全員分を印刷いただければと存じます。ところで，
　　　　いま，ご参加予定の方は何名さまでしょうか？」

Ａさん：「資料ありがとうございます。参加予定者はですね…。えーっ
　　　　と，いま11人しかいないですね。あっ，そういえば会社の
　　　　決まりで，参加者が15人以上いない研修は実施しちゃいけ
　　　　ないってなってるんだった…！　いま思い出しました。」

Ｂさん：「そうなんですね。初めてお聞きしました。…そうすると，
　　　　研修はいかがいたしましょうか？　研修まで１ヵ月を切っ
　　　　てのキャンセルですと，③キャンセル費用を弊社にお支払
　　　　いいただくことになっています。」

Ａさん：「④えっ，そんなこと聞いてないなぁ…？　キャンセル費用
　　　　の件って，何か契約とかに書いてありますか？」

Ｂさん：「弊社から発行したお見積書にも，キャンセル費用について
　　　　記載しています。もしキャンセルされる場合，１ヵ月以内，
　　　　３週間以内，１週間以内でキャンセル費用も変動いたしま
　　　　すので。よろしければ，お見積書をご覧いただくか，Ｃさ
　　　　まにご確認いただければと思います。」

Ａさん：「キャンセル費用はなんか会社に怒られそうだなぁ…。ちょっ
　　　　とＣに確認してから，また連絡します。」

【シーン２：Ａさんと，Ｃ課長の会話】

Ａさん：「（シーン１の会話について説明し），キャンセル費用がかか
　　　　るのは驚きでした…。」

Ｃ課長：「いや，お見積りもらったときに，Ａさんとも話した気がす

　　　　　るなぁ。だから，キャンセルにならないよう，しっかり参
　　　　　加者を確保しないとって伝えたよ。」

Ａさん：「そうでしたっけ…。いま見たら，見積書にはすごい小さい
　　　　　文字でキャンセル費用のことが書いてあるから，ちょっと
　　　　　覚えてなかったです。」

Ｃ課長：「研修人数の規定があるのも，研修担当部署の我々がきちん
　　　　　と仕事をしなさいということなんだ。⑤参加者を集めなけ
　　　　　ればならないという意味合いということだよね。」

Ａさん：「⑥えっ，そうなんですか…。」

Ｃ課長：「研修を企画だけして，人が集まらずキャンセル，という流
　　　　　れを繰り返していたら，我々の部署はいらなくなってしま
　　　　　うよ。⑦Ａさん，この研修は人集めから考え直して，確実
　　　　　に実現できるようにして！」

Ａさん：「⑧…全然わからなくて，具体的にどうしたらいいでしょう
　　　　　か？　私はこの部署に異動して３ヵ月で，実際これが最初
　　　　　に担当した研修でして…。」

Ｃ課長：「初めてかどうかは関係ないよ。これまで所属していた他の
　　　　　部署や支店にも知り合いの社員がたくさんいるでしょ。そ
　　　　　ういう人に一斉にメールを送ったり，電話をかけて周知し
　　　　　たりするとかあるでしょ。あと４人集まれば開催できるん
　　　　　だから。」

Ａさん：「そうですね，まずそれをやってみます。」

　下線部①〜⑧におけるやりとり分析に関する記述について，最も適切なものは次のうちどれですか。

----

(1)下線部①は「Ａ」→「Ａ」，下線部②は「Ｃ」→「Ｐ」であり，①と②は交差的やりとりである。

(2)下線部③は「Ａ」→「Ａ」，下線部④は「Ｃ」→「Ｐ」であり，③と④は相補的やりとりである。

(3)下線部⑤は「Ｃ」→「Ｐ」，下線部⑥は「Ｐ」→「Ｃ」であり，⑤と⑥は交差的やりとりである。

(4)下線部⑦は「Ｐ」→「Ｃ」，下線部⑧は「Ｃ」→「Ｐ」であり，⑦と⑧は相補的やりとりである。

　解答解説　【問26】(4)

解説：(1)下線部①は「Ａ」→「Ａ」，下線部②は「Ａ」→「Ａ」であるため，①と②は相補的やりとりです。(2)下線部③は「Ａ」→「Ａ」，下線部④は「Ｃ」→「Ｐ」であるため，③と④は交差的やりとりです。(3)下線部⑤は「Ａ」→「Ａ」，下線部⑥は「Ｃ」→「Ｐ」であるため，⑤と⑥は交差的やりとりです。

【問27】 実践

交流分析等に関する記述について，適切でないものは次のうちどれですか。

(1)「相補的やりとり」とは，相手の言うことを否定しないやりとりのことであり，話している双方にとって「嫌な思いをすること」は発生しない。

(2)ストロークが不足し，「プラスのストローク」が一切得られないという状況になると，人は「マイナスのストローク」を求め始める傾向がある。

(3)他者との会話において，「交差的やりとり」を使わざるをえない場面でも，落ち着いて「A」の自我を心がけることが，豊かな人生を作り上げるためには必要である。

(4)裏面的交流は，言葉の裏に別の意図をもたせる場合に該当するもので，複数の自我に向けて矢印が行き交う複雑な構図となる。

解答解説 【問27】(1)

解説：(1)×たとえば，上司が「なんだ，この書類は，やり直せ！（「P」→「C」）」と言い，部下が「申し訳ございません（「C」→「P」）」と言った場合，上司にとっては予想どおりの反応が返ってくる相補的やりとりですが，部下は嫌な思いをしている場合があります。(2)○「親にかまってほしくて悪いことをする」など，プラスのストロークの代わりにマイナスのストロークを求める行動をとるようになることがあります。(3)○上記(1)のような上司の言葉に対して部下が「C」→「P」の対応を続けると，メンタルヘルスに影響が出る可能性もあります。「どこを改善したらよろしいでしょうか」と「A」の自我から冷静に返す交差的やりとりを行うことも有効です。(4)○

第4章

ホスピタリティ・マナー

ホスピタリティ・マナーの基本

1　ホスピタリティ・マナーとは

☑一般的に、「マナー」は礼儀作法の意味で使われており、相手に対して配慮する気持ちをかたちに表したものであるといえる。配慮の気持ちには、「人に迷惑をかけない」、「人に好感を与える」、「相手に敬意を払う」という 3 段階があり、これらを実際に行動でかたちにすることがマナーである。

☑一般的なマナーは、シチュエーションごとに「この場合は、こうしたほうがよい」「こういうときは、これをしてはいけない」と言われるように、多くの人が「こうすべき」と共通的に認識しているものである。

【例】ビジネスマナー、交通マナー、冠婚葬祭マナーなど。

☑これに対してホスピタリティ・マナーは、個々の相手の立場や状況、考え、気持ちを「目配り」してくみ取り、それらに応じてきめ細かく「気配り」し、思いやり、気づかい、優しさなどの「心配り」をして実践するマナーである。

☑ホスピタリティ・マナーでは、「どうしたら相手に喜ばれるか」と自分で考えて行動することが重要である。

一般的なマナーとホスピタリティ・マナーの違いの例

ホスピタリティ・
マナーでは桜が
よく見える席に
お客さまをご案内

一般的なマナー
では、お客さま
を上座にご案内

目配り・気配り・心配りとは

目配り	意識して相手を観察し、素振り（表情・動作に現れた様子）から相手の心情やその理由を考えること
気配り	相手の素振りに細かく気をつかい、相手がしてほしいと思うことを先にすること。気を利かせること
心配り	相手の立場に立ち、相手を思い、何をしたら喜ぶかなど、相手の心に寄り添って行動すること

2　第一印象の重要性

☑あくまでもマナーのホスピタリティ度を判断するのは相手である。
いくら相手のことを思い、自分なりに相手にとって最善と思われる
マナーを実践しても、相手がその思いを100％理解してくれるとは
限らない。

☑人は、初めて会う人に対して、瞬時に「感じのよい人」「さわやか
な人」といった印象をもつ。一説によると、初対面の人の印象は３〜

7秒で決まるといわれている。最初にもたれた印象を変えるためには、1対1で話していても数時間かかるといわれているので、<u>まず、好ましい第一印象をもってもらうことが重要</u>である。

☑そのうえでホスピタリティ・マナーを実践すれば、相手はその思いを好意的に受け止めやすくなる。

3　人の印象を決める要素

☑人の印象を決める要素には、<u>身だしなみ・態度・表情・声・言葉づかい</u>の5つがあり、これら5つの要素が総合的に表れるのが<u>挨拶</u>である。挨拶する際は、態度や表情、声を意識することが必要であり、その場にふさわしい身だしなみで、相手にあわせた挨拶の言葉を選ぶことがポイントとなる。

☑これらの基本動作を身につけて初めて、相手にあわせた応用動作ができるようになる。

人の印象の5大要素と挨拶

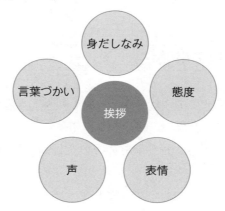

身だしなみ

1 身だしなみのポイント

☑ 身だしなみは、<u>相手に敬意を伝えるために服装や身なりを整えること</u>であり、自分の個性を主張して好きな装いをする「おしゃれ」とは異なる。そうした身だしなみを心がけることで、相手や周囲の人から好感をもたれるようになる。

☑ ビジネスにおいては、自分の身だしなみが組織全体の評判につながる。組織の中で身だしなみについての基準がある場合はその基準を守り、<u>TPO（時、場所、状況）に応じた身だしなみを心がけること</u>が大切である。

身だしなみのポイント
- 清潔であること
- 健康的で明るいこと
- 機能的であること
- 控え目であること
- 全体の調和がとれていること

2　気をつけたい身だしなみ

☑プライベートではどんなファッションを楽しんでも個人の自由だ
　が、ビジネスなど公共の場に出るときは、相手や周囲の人にどう見
　られるかという視点でセルフチェックし、身だしなみを整えること
　が必要である。

セルフチェックの視点
- 洋服にしわ、シミ、汚れなどがないか
- ほころびがあったり、ボタンがとれかかったりしていないか
- 必要な部分にアイロンがかかっているか
- ポケットにモノを詰め込みすぎて、着くずれていないか
- シャツから下着がすけていないか
- ネクタイはゆるんだり曲がっていたりしないか
- ストッキングや靴下の色は適切か。また、穴は開いていないか
- 靴はちゃんと磨いてあるか。かかとはすり減っていないか
- 髪の毛のフケや寝ぐせ、においに気をつけているか
- 髪型・髪色はTPOや会社の基準にあっているか
- 化粧は派手すぎないか（原則としてビジネスではシンプルメイク）
- 手や指先の手入れをしているか
- 口臭はないか。コロンはきつすぎないか
- ひげや鼻毛は見苦しく伸びていないか

3 　場面に応じた身だしなみ

☑身だしなみの基本を身につけることができたら、TPOに応じてど
　のような身だしなみをすればよいか、自分なりに考えて工夫するこ
　とが必要である。

身だしなみの実践例

こんなとき	マスクをしながらお客さまの前に出なくてはならない場合
こんな理由で	マスクで顔の大部分が隠れてしまうので……
こう行動して みる	表情がよく見えるよう、前髪を短めに切りそろえる

態度

1　態度で気をつけるポイント

☑姿勢や動作などの態度も、第一印象を左右する大きな要素である。
立つ、座る、歩くといった基本動作を身につけると、周囲に好印象
を与えるだけでなく、自分自身の気持ちも引き締めることができる。

姿勢

● 立つときは背筋を伸ばして、両足のヒザとかかとをつける。

● 座るときは、男性は両足にこぶし一つ分の隙間をつくり、女性はヒ
ザを軽くつけて足をそろえる。背もたれにもたれかからず背筋を伸
ばし、手は軽くヒザの上に置く。

● 歩くときは背筋を伸ばしてあごを引き、足をひきずらずにかかとか
ら着地して歩く。目線は下に落とさず、進行方向に向かってまっす
ぐ目を向ける。

おじぎ

● 挨拶とあわせておじぎするときは、相手に対して言葉を先に発して
からおじぎする（語先後礼）。ただし、お詫びの気持ちを伝えると
きは、言葉を発しながらおじぎをする場合もある（同時礼）。

●状況にあわせて次の会釈、普通礼、最敬礼を使い分ける。

おじぎの種類

会釈	普通礼	最敬礼
人の前を通るときや、人とすれ違うときなどに行う軽いおじぎ	お客さまや社内で挨拶するときに行う標準的なおじぎ	お礼やお詫び、改まったときに行う深いおじぎ
15度	30度	45度

指し示し方

●方向を指し示すときは、指をそろえて手のひらを上にし、手を肩の高さに上げて目的の方向を指し示す。手を差し出すときは、後ろに人がいないか周囲を確認する。視線も指し示す方向に向け、最後に相手と目をあわせると好印象を与えることができる。

●書類を指し示すときは、指をそろえて手のひらを上にし、該当の箇所を指し示す。人差し指やペン先などで指し示してはいけない。

モノの受け渡し方

●相手にモノを渡すときは、「大事なモノを渡す」という気持ちを表すように、必ず両手で渡し、両手で持てない場合は片手をそえる。

相手の面前でモノを机などに置くときも同じように配慮する。

● 封筒や書類など上下のあるモノは、相手が正しく見える方向に向けて渡す。

● 個人情報が記載された重要書類、人に見られてもよい書類など、情報の内容によって受け渡し方に配慮する。

● 刃物や筆記具などを渡すときは、受け取った相手が危なくないよう、刃先やペン先を自分に向けて渡す。

● 金銭の授受にはカルトン（トレイ）を使用する。

● 自分が相手からモノを受け取る場合は両手で受け取り、受け取った後も丁寧に扱う。

● モノの受け渡しは、無言ではなく必ず言葉を添え、タイミングも考えながら行う。

2　気をつけたい態度

☑ 自分にそのつもりはなくても、無意識のうちにマナー違反の動作をしてしまうことがある。次のような態度は、相手を不快にするだけでなく、自分自身のマイナスイメージになるので、日ごろから自分の動作に気をつけることが必要である。

動作が与える印象

腕組み…自信過剰や相手に対して壁をつくっていると受け取られる

猫背…疲れた感じや自信なさげにみえる

肩肘を張る…気負っている、いばっているという印象を与える

ポケットに手を入れる…心を開かない、警戒している印象を与える

足を投げ出す…退屈している、だらしないと受け取られる

ふんぞり返る…傲慢で偉そうな印象を与える

3 距離感

☑ 心理的に安心できる人と人との距離を<u>パーソナルスペース</u>という。

　パーソナルスペースは、性別や年齢、関係性によって異なる。親子や夫婦、恋人であれば、手を伸ばせば相手に触れられる距離まで近づくことができるが、親しくない人がこの距離に入ってくると不快感や不安を与えてしまう。関係性に応じて、どこまで近づいてよい

か、よく考えることが必要である。

☑一般的に、仕事やその他の社会生活においては、1.2メートル以上
離れることが適切とされている。ちょうどテーブル越しに対面する
場合の距離であり、1.2メートル以内に近づくと、不快に感じられ
たり、セクハラだと思われたりするリスクがある。友人同士であれ
ば1.2メートル以内に近づくことも可能だが、この距離感覚は、相
手が同性か異性かによって異なる場合があるので、相手の反応をみ
ながら対応することが必要である。

☑心理的な距離感という意味に加え、新型コロナウイルス等の飛沫感
染リスクを減らすために、２メートル以上離れるべきであるとされ
るようになってきた（フィジカルディスタンシング）。実際の感染
リスクを抑えるという理由の他、２メートル以内に近づくことは相
手を不安にさせることにもなるので、できるだけこの距離を確保す
るように配慮することが必要になってきている（2024年４月時点）。

4　場面に応じた態度

☑態度の基本を身につけることができたら、TPOに応じてどのよう
な態度をすればよいか、自分なりに考えて工夫することが必要であ
る。

態度の実践例

こんなとき	隣の担当者がお客様対応をしているが、後ろにも並んでいる
こんな理由で	後ろで並んでいるお客さまを、不快な気持ちにさせないように……
こう行動してみる	担当できる場合はお客さまを誘導して手伝う。担当できない場合はきびきびと動く

第 **4** 節

表情

1　表情の要素

☑人間の表情は、顔の中のいくつかの要素の組み合わせによりつくられる。顔の中でも、目や口、眉、頬、あごは動かしやすいパーツであるため、人間はこれらを動かしてさまざまな感情を表現している。

☑現在は、表情をつくる要素と人間の感情の関係についての研究が活発に進められており、AIの開発にも応用されている。あまり感情を外に出さないポーカーフェイスの人もいるが、感情はできるだけ表情に出して相手に伝えることで、自分のホスピタリティ・マインドを相手が実感しやすくなる。

表情が表現する感情の例

表情の要素	表情	感情
・口角を上げる ・頬を上げる ・目を細める		「うれしい」、「楽しい」、 「おもしろい」
・口角を下げる ・あごを下げる ・眉をひそめる		「嫌い」、「嫌だ」、「悲しい」、 「好ましくない」、失望
・目を大きく見開く ・眉を上げる ・口が開く		驚き、恐怖
・口の一方を上げる ・眉が一方に寄る		軽蔑、皮肉、たくらみ
・あごを上げる		優越感、自信、横柄、不満、 威圧
・歯をくいしばる ・眉が中央に寄る ・口や目、眉がふる 　える		「悔しい」、怒り

2　笑顔

☑表情の中でホスピタリティ・マナーに欠かせないのが笑顔である。
笑顔は、周囲を明るく幸せな気分にさせ、それによって自分自身も
楽しい気分になる。

☑笑顔によって人間関係がスムーズになり、信頼のおける友達・仲間
が増え、仕事上でも成果を得やすくなる。

☑感じのよい笑顔を表現するために、顔の筋肉の緊張をゆるめ、「いー」
と発音するように口を開けて口角を上げるとよい。また、笑顔をつ
くるのが苦手な人は、鏡をみながら口を「あ・い・う・え・お」の
かたちに大きく開けたり、目を見開いたり、眉を上げ下げする練習
をすることも有効である。素敵な笑顔が自然とできるようになるの
に加え、しわやたるみの防止、口腔機能の老化防止にも役立つ。

☑最近は、ウイルスの感染予防のためマスクをしながら生活する習慣
が定着してきており、接客の場面においても、マスクをしながらお
客さまと対面するのが普通となってきた。口元がマスクで隠れるた
め、せっかく笑顔の練習をしても相手には見えないと思いがちだが、
マスクをしていても、心からの笑顔は目や眉、全体の雰囲気に表れ
て、その気持ちは相手にも伝わる。ただし、形式的に口角を上げた
だけの作り笑いは通じないので、マスクをつけた自分の笑顔を、鏡
で確認してみるとよい。口角をマスクの内側で上げてみて、目の表
情が足りないと思ったら、「いー」と発音する声を徐々に高くして
いき、頬を上にあげていくとよい。何度も繰り返すうちに、自分な
りの笑顔が、いつでも表現できるようになる。

3　場面に応じた表情

☑表情の基本を身につけることができたら、TPOに応じてどのような表情をすればよいか、自分なりに考えて工夫することが必要である。

表情の実践例

こんなとき	親戚から子どもが生まれたと報告を受けた
こんな理由で	相手の吉報をほんとうに喜んでいることを表すように……
こう行動してみる	頬を上げて目も細くし、満面の笑みをみせてお祝いの気持ちを表す

声

1 正しい発声

☑日本語の音は5つの母音と子音の組合せでできている。母音がすべ
ての基本となるので、正しいかたちに口を開けてはっきりと発声す
ることを心がける。

☑母音の口のかたちをマスターしたら、子音と組み合わせて発声練習
をする。

母音の口のかたちを意識する

あ	い	う	え	お
指が縦に3本入るように、口を大きく開ける	口角を上げて唇を平らにし、上の歯を見せる	唇を前にとがらせる	「あ」のように口を開け（半分位）、横に引く	指が縦に1本入るように、唇を丸くする

発声練習

あ → え	い	う	え	お	あ	お
か	け	き	く	け	こ	か	こ
さ	せ	し	す	せ	そ	さ	そ
た	て	ち	つ	て	と	た	と
な	ね	に	ぬ	ね	の	な	の
は	へ	ひ	ふ	へ	ほ	は	ほ
ま	め	み	む	め	も	ま	も
や	え	い	ゆ	え	よ	や	よ
ら	れ	り	る	れ	ろ	ら	ろ
わ	うぇ	うぃ	う	うぇ	うぉ	わ	うぉ

2　発声の注意点

声の大きさ

● 相手との距離や人数、シチュエーションに合わせて声の大きさを調整する。

● 高齢者や耳が聞こえづらい人に対しては、大きな声でゆっくり、低音のトーンも意識して話すようにする。

● 極端に声の高さを変える必要はないが、話す場所やシチュエーションによって声の高さを調整したほうがよい場合がある。

● 電話で話すときは、少し高めの声で話すと聞き取りやすくなる。よい姿勢で口角を上げながら話すと高めの声を出すことができる。

● 仕事の話や論理的な話をするときは、やや低めの落ち着いた声で話すと、理解されやすくなる。とくに女性の場合、「高い声のほうが女性らしい」という固定観念があるからか、一般的に「欧米に比べて日本人女性の声は高くて子どもっぽい」という印象を与える傾向がある。外国人と話すときは、地声で話すことを心がけるとよい。

● 早口になりすぎないよう、相手の理解度にあわせて話すスピードを調整する。一般的に、1分間で300〜400文字のスピードで話すと相手が理解しやすいといわれている。それより少ないと間延びした印象になり、多すぎると意味を理解してもらうことができない。

● 相手が資料をみているときに話すのか、電話口で話すのか、といった状況に応じて話すスピードを工夫する。

● 声に抑揚をつけることで、豊かな感情表現をすることができる。抑揚には、「平調」「昇調」「降調」などがある。たとえば、「そうですか⤴」と昇調で話せば疑問を表し、「そうですか⤵」と降調で話せば納得、自問といった感情を表すことができる。

● 話の切れ目に「間」を入れて話すことで、相手が意味のまとまりを理解しやすくなる。また、強調したい言葉の前に「間」を入れ、あわせて抑揚をつけることで、メリハリをつけることができる。

3　発声の実践トレーニング

☑代表的な早口ことばを、「早口」ではなく、ゆっくり、大きく、丁寧に発声することで、正しい音を出しやすくなる。母音の口の開け方を意識し、子音の舌の位置を確認しながら練習するとよい。

早口ことば
- お綾や御母上におあやまりなさい
- この竹垣に竹たてかけたのは、竹たてかけたかったから、竹たてかけた
- 抜きにくい釘、引き抜きにくい釘、この杭の釘は引き抜きにくい
- 東京特許許可局局長
- ジャズ歌手　新春シャンソン歌手

4　場面に応じた声

☑声の基本を身につけることができたら、TPOに応じてどのような声を出せばよいか、自分なりに考えて工夫することが必要である。

声の実践例

こんなとき	新人の挨拶の声が小さくなってきた
こんな理由で	悩みがあるかもしれないから、周囲の人には聞こえないように……
こう行動してみる	「おはよう。挨拶の声に元気がないね。どうしたの?」とやや小さい声で話しかける

言葉づかい

1 言葉づかいのポイント

☑私たちは、学校で日本語の使い方や文法、語彙やその意味を習うが、日ごろの生活のなかでいろいろな使い方をするうちに、どんどん基本から離れた使い方をするようになる。時とともに変化するのは言葉の宿命であるが、さまざまな年代や背景をもった人たちとコミュニケーションし、正しく意味を伝えあうためには、正しい言葉づかいを心がけることが必要である。一般的に、言葉づかいについては、次のことに注意する。

- 相手に理解できる言葉を選ぶ
- 業界用語は使わないようにする
- 専門用語は相手に合わせる
- 下記の例のような信頼を失う言葉は使わないようにする

信頼を失う言葉の例

言葉	信頼を失う理由	例
曖昧な表現	あやふやではっきりしない	・たぶん……と思います ・一応……となっています

否定形表現 （否定形表現についてはp.158参照）	「なぜだめなのか？」「なぜ代替案や解決策を提示してくれないのか」と不信感を与え、相手の気持ちが離れてしまう	・本人でないとダメです ・規則なのでできません
流行語・俗語	仕事で多用すると、軽くて無責任な人と思われる	・……でよろしかったでしょうか ・ヤバイ ・ムズい
差別的な表現	歪められた考え方や知識、偏った見方にもとづいた表現は、特定の人はもちろん、不特定多数の人々も傷つけることにつながる	・○○キチ ・ぎっちょ ・○○屋（職業）

2　敬語の使い分け

☑日本語の特徴の一つに敬語の存在がある。敬語とは、「相手や話題の中の人物に対して、自分の敬意を表すための言葉」のことである。

☑敬語には、尊敬語、謙譲語、丁寧語の3種類がある。敬語を適切に使うことで、相手を敬う気持ちが、よりいっそう相手に伝わる。語彙数を増やして「敬語の達人」を目指し、一つのパターンだけでない多彩な表現を身につけるとよい。

尊敬語

相手の動作や状態について尊敬を表す敬語。お客さまや目上の人に対して使う。

【例】	動詞＋「れる」「られる」	→訪問される
	「お（ご）～になる」「なさる」「くださる」	→お読みになる
	別の言葉への置き換え	→召しあがる

謙譲語

　自分の動作や状態をへりくだった表現にすることで、間接的に相手
への尊敬を表す敬語。

【例】	「お（ご）～する」「いたす」	→お届けする
	「～ていただく」「お（ご）～いただく」	→お越しいただく
	別の言葉の付け加え・置き換え	→お返事申し上げる

丁寧語

　丁寧な言葉を使うことで、相手への尊敬を表わす敬語。

【例】	「です・ます」「ございます」	→正しい使い方です
	「お（ご）」＋名詞	→ご指導ください

3　気をつけたい敬語

☑「敬語を使わなければ」と緊張するあまり、つい過剰に敬語を使っ
　たり、間違った使い方をしてしまうことがある。次のような使い方
　には気をつけることが必要である。

尊敬語と謙譲語の誤り

　敬語を使うべきなのに謙譲語を使う。逆に謙譲語を使うべきところで尊敬語を使う。

【例】

NG　「私の父はこうおっしゃっていました」（尊敬語）

↓

OK　「私の父はこう申していました」（謙譲語）

二重敬語

　同じ種類の敬語を重複して使うことを二重敬語という。二重敬語は、まわりくどくきこえて、意味もわかりづらい。

【例】

NG　「ご覧になられます」（尊敬語＋尊敬語）

↓

OK　「ご覧になります」（尊敬語）

NG　「おっしゃられました」（尊敬語＋尊敬語）

↓

OK　「おっしゃいました」（尊敬語）

過剰敬語

　高める必要のないものにまで敬語を過剰に使うことを過剰敬語という。

【例】

NG「Aセットにはデザートがお付きします」（モノへの丁寧語）

↓

OK「Aセットにはデザートが付きます」

☑同じ言葉でも、使う相手やシチュエーションによって敬語の言い換えが必要となる場合がある。

普通語⇔尊敬語⇔謙譲語の例

普通語	尊敬語	謙譲語
する	される、なさる	いたす
言う	おっしゃる	申す、申しあげる
聞く	お聞きになる、聞かれる	伺う、承る
見る	ご覧になる	拝見する
行く	いらっしゃる、行かれる	参る、伺う
来る	お越しになる、おみえになる、来られる	参る
いる	いらっしゃる	おる
与える	くださる	差しあげる
食べる	召しあがる	いただく、頂戴する
会う	会われる、お会いになる	お目にかかる、お会いする
帰る	帰られる、お帰りになる	失礼する

普通語⇔丁寧語の例

普通語	丁寧語
～である	～でございます
～ではない	～ではございません

できない	いたしかねます
ある	ございます
そうだ	さようでございます
すみません	申し訳ございません
少し、ちょっと	少々
いま	ただいま
あとで	後ほど

☑相手と状況によって言葉の丁寧度を変え、相手より少し丁寧な表現を使用する。

お礼の言葉の丁寧度例

高 ↑ 丁寧度 ↓ 低	誠にありがとうございます　大変ありがとうございます
	感謝しております　ありがとうございます
	恐縮です　助かりました　恐れ入ります
	ありがとう
	すみません
	ごめんごめん　わるいね

☑社外の人に自社の者の話をするときは、敬称や役職をつけずに呼び捨てにする。自分と自社の者が「部下と上司の関係」であっても、社外の人から見ればその関係は「身内同士」となるため、自社の者に役職をつけて呼ぶ場合は、「部長の○○は席をはずしております」のように「役職+名前」で呼ぶ。

4　場面に応じた言葉づかい

☑言葉づかいの基本を身につけることができたら、TPOに応じてどのような言葉づかいをすればよいか、自分なりに考えて工夫することが必要である。

言葉づかいの実践例

こんなとき	手続きを急いでいる人から面談依頼があったが、あいにく予定がいっぱい
こんな理由で	相手の要望に応えられないお詫びの気持ちをこめて「ご容赦」という言葉を使い、クッション言葉も2度使う（下線部） （クッション言葉についてはp.157参照）
こう行動してみる	「<u>恐れ入りますが</u>、あいにく本日はこのあと予定が入っております。<u>申し訳ございませんが</u>、ご容赦いただけますでしょうか」と言う

挨拶

1　挨拶のポイント

☑これまでみてきた「第一印象を決める5つの要素」がすべて含まれるのが挨拶である。人と人との対話やコミュニケーションは、すべて挨拶から始まり、挨拶で終わる。お礼の言葉やお詫びの言葉も、好ましい人間関係に欠かせない挨拶の一つであり、心のこもった挨拶によってコミュニケーションを円滑に進めることができる。

☑ビジネスの現場では、来店したお客さまなどに気づいて、「あなたのことを気にしていますよ」ということを示す効果もあり、同時に万引き防止や犯罪抑止などの防犯効果も期待できる。

☑一般的に、挨拶については、次のことに注意する。

> 挨拶のポイント
> ・自分から進んで挨拶する
> ・相手の目を見て挨拶する
> ・明るくはっきりと挨拶する
> ・親しい間柄でもきちんと挨拶する
> ・プラスアルファの一言（季節・天候の話題など）を添えて挨拶する
> ・おじぎとあわせて挨拶する（語先後礼）

2　よく使う挨拶用語

☑接客時や職場での挨拶用語は、日ごろから練習しておくと自然と口から出るようになる。仕事の場以外の家庭や社会においても、基本となる挨拶を自分から積極的に行うように心がけるとよい。

接客時の挨拶用語

- いらっしゃいませ
- 恐れ入ります
- かしこまりました
- 失礼いたします
- 少々お待ちくださいませ
- 申し訳ございません
- お待たせいたしました
- ありがとうございます

職場での挨拶用語

- おはようございます
- 行ってまいります
- お帰りなさいませ
- ただいま戻りました
- お疲れさまでした
- 行ってらっしゃいませ
- お先に失礼します

3　場面に応じた挨拶

☑挨拶の基本を身につけることができたら、TPOに応じてどのような挨拶をすればよいか、自分なりに考えて工夫することが必要である。

挨拶の実践例

こんなとき	久しぶりに知り合いに会ったが、名前が思い出せない
こんな理由で	相手もそうかもしれないから、自分から先に名乗る
こう行動してみる	「こんにちは。お久しぶりですね。以前、子どもの学校でお世話になった○○です」と言う

確認問題

【問28】   基本

　ホスピタリティ・マナーに関する記述について，適切でないものは
次のうちどれですか。

----

(1)「どうしたら相手に喜ばれるか」を自分で考えて行動することが，
　　ホスピタリティ・マナーにつながる。
(2)ホスピタリティ・マナーとは，個々の相手の状況や気持ちに合わせ，
　　「目配り」「気配り」「心配り」を実践するものであるが，原則とし
　　てそれらの中に序列や優先順位などの決まりはない。
(3)マナーの正しさは目に見える尺度で測定できるものではなく，ホス
　　ピタリティ度の高いマナーであるかどうかは自分で判断する必要が
　　ある。

解答解説　【問28】(3)

解説：マナーのホスピタリティ度を判断するのはあくまでも相手であ
り，いくら自分なりに最善のマナーを実践していても，相手がその思い
を100％理解してくれるとは限りません。

【問29】 　　　　　　　　　　　　　　　　　　　　　　　基本

　第一印象に関する記述について，最も適切なものは次のうちどれですか。

----

(1)人は，初対面の人が「話している内容」から，その人の第一印象を形成する傾向がある。

(2)短時間の接触でも，人はその都度，相手の印象を変える傾向にあるため，第一印象が悪くても挽回は容易である。

(3)第一印象が良い場合，その後の交友関係や仕事への好影響，ミスの印象抑制など，得られる効果が大きい。

解答解説　【問29】(3)

解説：(1)「メラビアンの法則」によると，人は会った瞬間の「話している内容（言語情報）」よりも，「見た目（視覚情報）」や「話し方（聴覚情報）」をもとに第一印象を形成する傾向があります。(2)最初にもたれた印象を変えるためには数時間かかるといわれているため，まず好ましい第一印象をもってもらうことが重要です。

身だしなみに関する記述について，適切でないものは次のうちどれですか。

----

(1)定められた身だしなみの基準を守り，TPO（時，場所，状況）に応じた身だしなみを心がけることが重要である。

(2)身だしなみのポイントの一つとして，「清潔で機能的であること」が挙げられる。

(3)「おしゃれ」と「身だしなみ」はイコールであり，「おしゃれ」な人は第一印象で好感を持たれやすい。

解答解説 【問30】(3)

解説：身だしなみは，自分の個性を主張して好きな装いをする「おしゃれ」とは異なります。接客や仕事の場で，派手で奇抜な服装や原色のネイルなどをしていると，第一印象で好感をもたれるどころか，ひんしゅくを買う可能性があります。

【問31】　　　　　　　　　　　　　　　　　　　　　基本

　モノの受け渡し方に関する記述について，適切でないものは次のうちどれですか。

- -

(1)名刺を交換するときに相手が複数人いたので，先に受け取った名刺は名刺入れの下に移動させてから，次の人の名刺を受け取った。
(2)ボールペンを渡すときに，受け取った相手が危なくないよう，ペン先を自分のほうに向けて両手で渡した。
(3)目上の方に手土産を渡す際に，紙袋に入れた状態で一方の手は持ち手を持ち，もう一方の手は紙袋の底にそえて，「つまらないものですが」と謙遜しながら渡した。

解答解説　【問31】(3)

解説：相手に渡す物に対して「つまらないもの」と謙遜するのは望ましくありません。「ささやかですが」「ほんのお気持ちですが」と言い換えて渡しましょう。また，紙袋のまま渡すのではなく，紙袋から取り出して渡すことが望ましいといえます。

表情の要素と感情に関する組合せとして，適切でないものは次のうちどれですか。

	表情の要素	感情
(1)	「口角を上げる」「頬を上げる」「目を細める」	「嬉しい」
(2)	「口角を下げる」「あごを下げる」「眉をひそめる」	「好ましくない」
(3)	「目を大きく見開く」「眉を上げる」「口が開く」	「軽蔑」

解答解説　【問32】 (3)

解説：「目を大きく見開く」「眉を上げる」「口が開く」ことは，「軽蔑」ではなく，一般的に「驚き」や恐怖の感情を表します。「軽蔑」の感情を表す場合は，一般的に口や眉の一方を上げたり下げたりします。

問33】　　　　　　　　　　　　　　　　　　　　　　　　　　　　基本

声に関する記述について，適切でないものは次のうちどれですか。

(1)昇調で「そうですか」と話すと納得や自問といった感情を表せるように，声に抑揚をつけることで感情を表現できる。
(2)仕事の話や論理的な話をする場合は，やや低めの落ち着いた声で話すと信頼できる印象を与え，相手に話を聞いてもらいやすくなる。
(3)滑舌の練習をするときは，「大きな声」と「丁寧さ」を意識することで，実際のスピードで話す際に滑らかな正しい音が出やすくなる。

解答解説　【問33】(1)

解説：昇調の「そうですか」は疑問を表しています。納得や自問といった感情を表す場合は，降調で話します。

Aさんが，取引先の社員Xさんから「来週，弊社であなたの上司の村上部長と打合せをしたいのですが，村上部長のご予定はいかがでしょうか」と尋ねられたときにおける，返答の言葉づかいに関する記述について，空欄①〜③に入る語句の組合せとして，最も適切なものは次のうちどれですか。

「来週，（ ① ）は，出張のため海外に（ ② ）ので，Xさまとの打合せには（ ③ ）。申し訳ございません。」

---

(1) ①部長の村上　　②伺います　　③伺いかねます

(2) ①弊社の村上部長　②いらっしゃいます　③参加できかねます

(3) ①部長の村上　　②参ります　　③お伺いできません

解答解説 【問34】(3)

解説：①取引先の社員に対しては，自分側の上司は「役職名＋呼び捨て（部長の村上）」と言います。②同じ謙譲語でも「伺います」とすると，訪問先の「海外」を立てることになってしまうため，「参ります」が適切です。③Xさんを立てる謙譲語である「伺う」の否定形として，「お伺いできません」「伺いかねます」のどちらも適切です。ただし，取引先に対して敬意を表すために，「参加できかねます」よりも「伺」を用いた表現の方がより望ましいといえます。

【問35】

挨拶に関する記述について，適切なものは次のうちいくつあります
か。

(a)明るい表情で相手の目を見て，おじぎを先にしてから挨拶の言葉を
　伝えると，丁寧な印象を与えることができる。

(b)仕事の場に限らず家庭や社会においても，基本となる挨拶を，自分
　から積極的に行うように心がける。

(c)知り合いの名前が思い出せないときは，相手も同じ状況である可能
　性があり，挨拶はせず会釈だけで済ませる。

----

(1)なし
(2)1つ
(3)2つ

解答解説　【問35】(2)

解説：(a)×先におじぎをしてから挨拶をするのではなく，挨拶の言葉を
言ってから，おじきをするのが適切です。(b)○　(c)×知り合いの名前が
思い出せないときは，会釈だけで済ませるのではなく，自分から先に名
乗るようにします。

　下記の事例において，ＡさんとＢさんの身だしなみとして，ホスピタリティ・マナーの観点から，適切なものは次のうちいくつありますか。

　Ｘ社に勤務しているＡさん（男性）とＢさん（女性）は，同僚の結婚式の披露宴に招待された。ＡさんとＢさんは，結婚式に参加するにあたり，いくつかの点に気をつけて服装を選ぶことにした。

(a)Ａさんは，黒のスーツに黒のベスト，黒のネクタイを選択した。

(b)Ｂさんは，着物を着ると場が華やかになるため，訪問着を着ることにした。

(c)Ｂさんは，冬だったので，華やかさを演出するために毛皮のストールを選択した。

---

(1) 1つ

(2) 2つ

(3) 3つ

解答解説　【問36】(1)

解説：(a)×スーツが黒の場合はベストをグレーにし，ベストが黒の場合はスーツをグレーや濃紺の色にするとよいでしょう。また，ネクタイは明るいシルバーやパステルカラーを選んで華やかさを添えるのが望ましいといえます。(b)○　(c)×結婚式に毛皮を着用するのは，ゴージャスで花嫁より目立ちすぎるおそれがある，殺生を連想させる等の理由から，望ましくないといえます。

【問37】 ──────────────────────────────── 実践

　　下記の事例において，Aさんの対応として，ホスピタリティ・マナーの観点から，適切なものの組合せは次のうちどれですか。

──

　　Aさんは，保険会社でファイナンシャルプランナーとして勤務している。本日は，Kさん宅への2回目の訪問である。Kさんのお宅は古い造りの一軒家で，玄関から客間まで長い廊下が続いている。1回目にAさんが訪問した際は，和室の客間に通されたので，Kさんの斜めの位置に座って，タブレットを操作しながら提案内容を説明した。

──

(a)13時30分のアポイントであったが，13時25分にチャイムを鳴らした。

(b)玄関から家の中にあがるとき，1回目はKさんがスリッパを用意してくれていたが，今回はスリッパラックに置いたままだったので「スリッパをお借りしてよろしいですか」と声をかけた。

(c)客間に通された後でKさんが席を外したので，Kさんの斜めの位置に置いてあった座布団に座ってKさんが戻ってくるのを待った。

(d)Kさんからペットボトルのお茶を出されたが，面談時に飲みきれなかったので，何も言わずにふたをして鞄に入れた。

──

(1)　(a)

(2)　(b)

(3)　(b)　(c)

(4)　(a)　(c)　(d)

解答解説 【問37】(2)

解説：(a)×個人宅を訪問するときは，ちょうどの時間か2〜3分遅れていくようにします。(b)○スリッパをはくかどうかは，その家のやり方にあわせます。2回目に用意されていなかったとしても，声をかけてスリッパをはくようにするとよいでしょう。(c)×Kさんに座布団に座るように言われるまでは，立って待つか座布団ではなく畳に座って待つことが望ましいといえます。(d)×飲みきれないペットボトルを持ち帰るのはよいですが，「持ち帰らせていただきます」等，一声かけてからカバンに入れるようにしましょう。

【問38】   実践

　下記の事例において，Ａさんの対応として，ホスピタリティ・マナーの観点から，適切なものの組合せは次のうちどれですか。

　Ａさんは病院で看護師をしている。入院患者の朝の検温と血圧測定で巡回しているとき，患者の一人であるＢさんから，２日後の手術を控えてとても不安な気持ちだと話しかけられた。そのとき，Ａさんは夜勤明けで眠気と疲労が蓄積しており，早く検査を済ませようと焦っていた。

(a)Ｂさんの不安な気持ちを和らげようと，無理にこわばった笑顔を作り，「大丈夫ですよ」と声をかけた。

(b)「初めてのことですから，心配ですよね」とだけ伝え，自分の気持ちを落ち着かせてから，微笑んでみせた。

(c)「血圧測りますから，ちょっと黙っててくださいね」と伝え，血圧を測った。

(d)「Ｂさんのはとても簡単な手術ですから，そんなに心配する必要はありませんよ」と伝えた。

----

(1)　(a)　(b)

(2)　(a)　(c)　(d)

(3)　(b)

(4)　(b)　(d)

【問38】⑶

解説：⒜×疲れているときに無理に作り笑いをしても，かえって逆効果
となるため，不安な気持ちを和らげようという気持ちで声をかけるだけ
で十分といえます。⒝○自分自身の疲れた状況から，自分なりの方法で
気持ちを切り替え，自然な範囲で笑顔を作って声かけをしているのは適
切です。⒞×不安な気持ちを告げられたことに対して声かけ等の対応を
するのが望ましく，事務的に話すのは適切ではありません。⒟×Bさん
の気持ちを受け止めずに「簡単な手術」と片づけて，Bさんの手術に対
する不安を軽んじるのは望ましくありません。

【問39】　　　　　　　　　　　　　　　　　　　　　　　　　基本

　下記の事例において，空欄①〜③に入るＡさんの対応として，ホスピタリティ・マナーの観点から，最も適切なものは次のうちどれですか。

　Ａさんは，Ｙ健康食品でコールセンターの仕事をしている。主な業務は，通販カタログを見たお客さまからの電話注文に対応することである。以前Ａさんは，親との電話で「声が聞き取りづらいときがある」と指摘されたことがあったため，仕事においてはそのような指摘がないよう，人一倍声に意識を向けて取り組んでいる。例として，次のようなことである。

・「お電話ありがとうございます。Ｙ健康食品でございます」と，お客さまに第一声の挨拶をかける際には，好印象をもってもらえるように，（　①　）話すことを意識している。

・「商品のお届け先について，確認してもよろしいでしょうか。『○○県○○市……』」と，相手の住所を読みあげる際には，（　②　）話すことを意識している。

・「このたびはご注文いただき，ありがとうございました。またのご利用をお待ちしております」と，終わりの挨拶をする際には，（　③　）話すことを意識している。

----

(1)①明るい声でハキハキと　　②言葉の区切り目に「間」を入れて
　③抑揚をつけて

(2)①明るい声でハキハキと　　②少し声の音量を下げて丁寧に
　③深々と一礼しながら

(3)①落ち着いた声でゆっくりと　②言葉の区切り目に「間」を入れて

③深々と一礼しながら

解答解説 【問39】⑴

解説：①「聞き取りづらいことがある」と自覚しているＡさんの場合，最初の挨拶として，「落ち着いた声でゆっくりと話す」よりも「明るい声でハキハキと話す」方が望ましいといえます。②相手に情報を確認してもらう復唱時は，間違いを避けるために，言葉の区切り目に間を入れて話すとよいでしょう。③抑揚をつけることで，自然と感情をこめて話すことができます。電話越しに深々と一礼すると，電話の声が相手に聞き取りづらくなる場合もあります。

【問40】　　　　　　　　　　　　　　　　　　　　　　　　　　基本

　下記の事例において，Bさんのメールの文章に対するAさんのアドバイスとして，ホスピタリティ・マナーの観点から，適切なものは次のうちいくつありますか。

　鉄鋼メーカーZ社の営業担当者であるAさんのもとに，新人のBさんが配属された。AさんはBさんが作成した，取引先へのメールを読み，アドバイスをした。

	Bさんのメールの文章	Aさんのアドバイス
(a)	「追伸：○○の件は，お手隙の際にご連絡いただければ幸いです。」	「『追伸』は，本文に書く手間が面倒だったのではと思われるから，あまり使わないほうがいいよ。」
(b)	「何かお気づきの点がありましたら，ご享受ください。」	「『ご享受』は，恩恵を受け取るなどの意味になってしまうから，『ご教授』に変更するといいよ。」
(c)	（取引先の担当者複数に宛てたメールで）「各位」	「『各位』だけだと送り先の方への敬意に欠けるから，『ご担当さま各位』とするといいよ。」

(1) 1つ

(2) 2つ

(3) 3つ

解答解説 【問40】(1)

解説：(a)○　(b)×「ご教授ください」は，学問など専門的な技術を身につけるために教えてもらいたい場合に使うものであり，ビジネスの場では「ご教示ください」を使用します。(c)×「各位」は複数の人宛の文書で，その一人ひとりを敬う敬称です。「各位＝皆さま」という意味のため，「ご担当さま各位」とするのは不適切です。

【問41】 実践

　下記の事例において，Aさんの対応として，ホスピタリティ・マナーの言葉づかいの観点から，最も適切なものは次のうちどれですか。

	事例	Aさんの発言
(1)	応接室でお客さまと面談中の課長から，「B主任を応接室に呼んで」と指示されたとき	「B主任，課長が応接室で主任をお呼びしています。」
(2)	課長から，営業で外出しているB主任の帰社時間を聞かれたとき	「B主任はX社にお寄りになり，打合せを済まされてから，午後3時にお戻りになられるとのことでございます。」
(3)	課長に，企画書の資料を見せながら，説明をするとき	「課長，こちらの企画書の資料をご覧になりながら，私の説明を聞いてください。」
(4)	課長から，外出中のB主任に対して，「今日の午後3時までに電話するように」と伝言を頼まれたれたとき	「課長が，B主任に本日午後3時までに，電話していただきたいとおっしゃっていました。」

解答解説 【問41】(4)

解説：(1)「お呼びしています」と言うと，課長が主任にへりくだっている表現になるため，「B主任，課長が応接室に入るようにとお呼びです」というのが適切です。(2)「お寄り」「お戻り」（丁寧語）や「済まされて」「お戻りになられる」（尊敬語）など，過剰な敬語表現です。「B主任はX社へ寄り，打ち合わせを済ませてから，午後3時にお戻りとのことです」というのが適切です。(3)行為（動詞）が2つある場合は，「こちらの報告書の資料を見ながら，お聞きください」と，後の行為を敬語にするとよいでしょう。

　下記の事例において，Ａさんの挨拶の対応として，ホスピタリティ・マナーの観点から，最も適切なものは次のうちどれですか。

　Ａさんは，刃物製造販売会社Ｓで営業を担当している。海外での日本食ブームの影響で，日本製の包丁が高く評価されるようになった。Ｓ社は，商品の販売とサービス促進を目的として初めて展示会を行うことにした。Ａさんは，上司から「受付で来場者を迎え，挨拶をするように」と指示された。当日は，主に国内と海外の取引先の担当者が招待客として来場し，また，招待客以外の業者や個人のお客さまも来場するとのことである。

---

(1)取引先の顔見知りの担当者には「いらっしゃいませ。本日はお忙しい中お越しいただき，ご苦労さまでございます」と挨拶する。

(2)取引先の外国人の担当者が握手を求めてきたら，目線を合わせ笑顔で出迎え，握手しながら「いらっしゃいませ」と挨拶する。

(3)多くの個人客が間を空けずに次々と来場するときは，一人ひとりのお客さまに対して「いらっしゃいませ」と挨拶する。

解答解説　【問42】(2)

解説：(1)「ご苦労さまでございます」ではなく「お疲れさまでございます」あるいは「ありがとうございます」と挨拶するのが適切です。(3)多くのお客さまが間を開けずに次々と来場する場合は，一人ひとりに挨拶すると早口で雑な挨拶になってしまうため，数名ずつのお客さまに対し「いらっしゃいませ」と落ち着いて挨拶するとよいでしょう。

[問43] ── 実践

　下記の事例において，Ｙ美容室のスタッフが実践したお客さまへの挨拶の対応として，ホスピタリティ・マナーの観点から，適切なものの組合せは次のうちどれですか。

　Ｘ市にあるＹ美容室は，３年前に開店した美容室で，美容師８名と美容師アシスタント４名，総勢12名のスタッフが在籍している。主に30代〜50代の女性の利用者が多く，店舗の清潔感と確かな技術力が評判を呼び，開店後すぐに予約が取りづらい人気店となった。

　しかし，１年ほど前から「人気店だからか，技術はいいけれど話し方とか挨拶とかの応対が適当」「開店当初は接客も良かったのに，お店が混んでいるせいか，最近は雑に扱われてがっかり」といったクチコミサイトへの投稿が散見されるようになった。それを機に，オーナーはＹ美容室の全スタッフに，「ホスピタリティ・挨拶・応対・マナー」などについて，定期的に研修する機会を設けた。さらに，月に１回のミーティングにおいて，全スタッフが「ホスピタリティを学んだうえで実践したこと」を発表し合うことになった。今月のミーティングで発表された実践内容は，(a)〜(d)のとおりであった。

(a)「私は来店したお客さまがリピーターの方であれば，お客さまが名乗る前に『○○さま，おはようございます。本日もご来店誠にありがとうございます』と目を合わせて挨拶しています。」

(b)「お見送りのとき，店舗の外に出て，お客さまが見えなくなるまでずっと笑顔をたたえ，振り向かれるたびにお辞儀をして『ありがとうございました』と言っています。」

(c)「お客さまに，『最近お変わりありませんか？』と挨拶したら元気

のないご様子でした。その方はいつも『たくさんしゃべりたい，それがストレス解消よ』と仰っていたので，こちらから，元気よく話しかけ続けました。」

(d)「非常に混んでいる日に，予約なく来たリピーターのお客さまがいたので『こんにちは○○さま！　今日すごく混んでるんです…。でも○○さまのために何とか時間を作るんで，40分ほどお待ちいただけますか？』と対応しました。」

----

(1)　(a)

(2)　(a)　(b)

(3)　(a)　(c)

(4)　(b)　(d)

解答解説　【問43】(2)

解説：(a)○　(b)○　(c)×いつもは話し好きなお客さまの元気がない様子には，「疲れているのかもしれない」と配慮して，あまり声をかけずにリラックスして過ごしてもらうことを考えるとよいでしょう。(d)×最初に「今日すごく混んでるんです」と言われると，お客さまは予約なしで来たことに申し訳ない気持ちを抱く可能性があります。「いつもいらしていただいて本当にありがとうございます」など，最初に感謝の気持ちを伝えたうえで，「恐縮ですが，混みあっていて40分ほどお待ちいただくことはできますか？」などと伝えることが望ましいといえます。

【問44・問45】

　下記の事例にもとづいて，【問44】および【問45】に答えてください。

　Aさんはマッサージ店のSサロンで受付案内兼施術スタッフをしている。Sサロンは今年の春にオープンしてまだ半年しか経っていない。しかし，完全個室を売りにしていることや，以前ウェブマガジンに取り上げられたことで，営業開始以来，順調に顧客数を伸ばしている。

　この日も，「日々の在宅勤務で疲労が溜まっていたが，そんな自分へのご褒美のつもりで予約した」というお客さまのKさんが来店した。

（受付にて）

Aさん：「いらっしゃいませ。」

Kさん：「今日の17時から予約していた，Kという者ですが。」

Aさん：「Kさまでいらっしゃいますね。かしこまりました。

　　　　①ご予約のほうを確認いたしますので，少々お待ちください。

　　　　（中略）只今，確認が取れました。

　　　　②Kさま，お忙しい中お越しいただきまして，ありがとうございます。

　　　　③本日の施術コースは，90分のコースでよろしいでしょうか。」

Kさん：「はい。」

Aさん：「④私，施術を担当させていただくAと申します。よろしくお願いいたします。

　　　　まず，施術の前に簡単なアンケートの記入にご協力をお願いいたします。

　　　　⑤恐れ入りますが，こちらの席にお座りください。

　　　　⑥アンケート用紙はこちらになります。「必須」以外の項目

　　　　は，わかる範囲の記載で結構です。」

Kさん：「わかりました。(中略)書き終わりました。これでよいでしょ
　　　　うか。」

Aさん：「ありがとうございます。……首や肩こりにお悩みというこ
　　　　とですね。承知いたしました。
　　　　それでは，これから個室にご案内いたします。
　　　　⑦先にお荷物を，当店のロッカーにお預かりになってもよ
　　　　ろしいでしょうか。」

Kさん：「はい。こちらのロッカーですね。」

(Kさんが荷物をロッカーに閉まい，鍵をかけた後)

Aさん：「⑧お部屋は奥にございます。私の後に，足元に気をつけて
　　　　お進みになられてください。」

(施術を終え，再び受付にて)

Aさん：「本日はありがとうございました。」

Kさん：「こちらこそ。この店は初めてだったけど，快適でした。Aさん
　　　　は高い技術をもっていると思います。」

Aさん：「いえいえ，とんでもないことです。そう言っていただけて，
　　　　大変光栄です。」

Kさん：「肩も軽くなったし，その後で飲んだハーブティーもおいし
　　　　かったです。また来たくなりました。」

Aさん：「⑨本当ですか，ありがとうございます。ぜひ，またいらし
　　　　てください。それから，口コミサイトにレビューを書き込ん
　　　　でいただけますと，次回ご来店用のクーポンを差し上げ
　　　　ますので，そちらもぜひご検討ください。」

【問44】　　　　　　　　　　　　　　　　　　　　　　　　　　　　実践

　下線部①〜⑨のうち，Ａさんの言葉づかいとして，適切なものはいくつありますか。

(1) 3つ

(2) 4つ

(3) 5つ

(4) 6つ

解答解説　【問44】（2）

解説：①×特定の方向を指すわけでないときに，「〜のほう」と用いるのは適切ではありません。②○　③○　④○　⑤×「お座りください」は，犬の「おすわり」を連想させるため，「おかけください」などが望ましいといえます。⑥×「〜になります」は何かが変化するときに用いるため，「〜でございます」などが望ましいといえます。⑦×「お預かりになって」は，「預かる」の尊敬語であり，Ａさん自身を敬うことになってしまいます。「お預かりしてもよろしいでしょうか」（謙譲語）などとするのが適切です。⑧×「お進みになられて」は二重敬語であり，「お進みになってください」などとするのが望ましいといえます。⑨○

お客さまに対するＡさんのホスピタリティ・マナーに関する記述について，最も適切なものは次のうちどれですか。

----

(1)お客さまが店に入ってきたときは，優しい笑みを保ちながら相手に視線を送るように努め，相手がその視線に気づくのを待ってから穏やかに「いらっしゃいませ」と言って，ゆっくりとおじぎをした。

(2)お客さまにアンケート用紙を渡すときは，ボードに乗せたアンケート用紙を相手の正面に向けて両手で渡し，その後，「ご記入の際は，右上に留めてあるペンをご利用ください」と言って，人差し指でペンの位置を示した。

(3)お客さまを個室まで案内するときは，時折相手のほうを振り向きながらも，常に自分が2,3歩前を歩いて誘導し，個室に入る際は，ドアを引き「こちらへどうぞ」と言って，横に立ったまま相手を先に中へ入らせた。

(4)お客さまにハーブティーを出すときは，「こちら，ハーブティーでございます。お熱いのでお気をつけて召し上がりください」と言って，ティーカップを両手で持って丁寧に手渡した。

解答解説　【問45】(3)

解説：(1)相手が自分の視線に気づくのを待ってからでは間が不自然になる場合があるため，入ってきたのがわかった時点で，一拍置いて「いらっしゃいませ」と声をかけるのが望ましいといえます。(2)人差し指で差すのは望ましくありません。指し示すときは，人差し指ではなく，手のひらで示します。(4)直接手渡すのではなく，テーブルなど，置ける場所を用意しておくのが望ましいといえます。

第 5 章

ホスピタリティ・
コミュニケーション

第 1 節

ホスピタリティ・コミュニケーションの基本

1　ホスピタリティ・コミュニケーションとは

☑ コミュニケーションとは、人と人とが互いに感情や思考、情報を伝達しあうことである。キャッチボールのように、発信者が伝えたいことを発信し、受信者がそれを受け取ることでコミュニケーションは成立する。ドッジボールで相手にボールをぶつけるように、伝えたいことを一方的に発信するだけでは、コミュニケーションとはいえない。

☑ ホスピタリティ・コミュニケーションとは、<u>人と人とが意思疎通する際に、個々の相手の立場や状況、考え、気持ちに配慮して、思いやりや優しさ、気づかいなどの気持ちをもって行うコミュニケーション</u>である。「相手の力になりたい」という気持ちを相手に伝えるための具体的な行動の一つがホスピタリティ・コミュニケーションである。

2　ホスピタリティ・コミュニケーションに必要なスキル

☑ コミュニケーションをスムーズに行うためには、伝えたいことがある側が相手に正しく伝えること、そして、それを受け取る側が正し

く受け取って、きちんと理解することが必要である。仮に、発信側の伝達力が50％、受信側の理解力が50％とすると、あわせて50％×50％＝25％しか伝わらない。

☑ホスピタリティを発揮するには、まず、相手の考えや意見を把握することが必要であり、そのためには、相手を観察し、相手が発信する情報を受信するアンテナを敏感にすることが大切である。

☑きき間違いや思い込みによる解釈間違いをしないためのリスニング・スキルを磨くことが必要となる、そこで把握した相手の考えや意見にもとづいて、今度はこちらが伝えたいことを、正しく、わかりやすく伝えるトーキング・スキルが必要となる。

☑さらに、相手の話をきく場合でも、自分の伝えたいことを話す場合でも、ホスピタリティ・コミュニケーションにおいては「私があなたの立場だったら、私もそう思う、感じる、考える、行動する」といった共感の言葉を具体的に表現していくことが重要である（共感の言葉についてはp.221参照）。

③　コミュニケーションの種類

☑コミュニケーションは、言葉だけで行われるわけではなく、第4章で学習したマナー（身だしなみ・態度・表情・声・言葉づかい・挨拶）がすべて含まれたかたちで行われる。一般的に、コミュニケーションの種類は、言語（バーバル）コミュニケーション（Verbal Communication）と、非言語（ノンバーバル）コミュニケーション（Non-Verbal　Communication）に分かれる。

言語コミュニケーション	話す、書く、などの言葉や文字によるコミュニケーション
非言語コミュニケーション	身振り手振り、表情、声の表情、などの言葉以外によるコミュニケーション

CHECK!　メラビアンの法則

　メラビアンの法則*によると、話し手が聞き手に与える影響は、視覚情報（55%）と聴覚情報（38%）、つまり非言語情報が9割以上を占め、言葉による言語情報の影響は7%にすぎない。

　言語・聴覚・視覚で表現された情報が互いに矛盾する場合に（「たぶん……」という言葉を、強い口調と普通の口調で言う、など）、受け手はどの情報を一番に重要視するかという実験から導かれた。

　コミュニケーションにおいては、話の内容だけでなく、表情や話し方にも気を配ることが大切である。

*アメリカの心理学者アルバート・メラビアンが1970年代に発表した理論

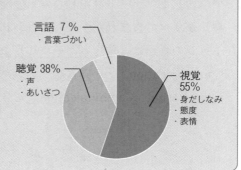

言語 7 %
・言葉づかい

聴覚 38%
・声
・あいさつ

視覚 55%
・身だしなみ
・態度
・表情

リスニング・スキル

1　「聞く」「聴く」「訊く」の違い

☑「きく」という言葉には３つの意味があり、それは、ちょうど漢字
表記の違いに表れている。

> ・聞く：ただ音や声が耳に入ってくること。受動的にきくこと
> ・聴く：耳を傾けて相手の言葉を注意してき取ること。能動的に
> 　きくこと
> ・訊く：問いかけをして、相手の考えや事実関係をきき出すこと

☑ホスピタリティ・コミュニケーションでは、相手の話に関心を寄せ、
耳や目だけでなく、五感を働かせて「聴く」姿勢と、興味をもって
「訊く」姿勢が重要であり、この姿勢を<u>積極的傾聴（アクティブ・
リスニング）</u>という。

2　リスニング・スキルの基本

相手と対面する位置を工夫する

●相手が話しやすい向き（右側、左側、正面、斜め）や距離を工夫す

る。一般的に正対面は対立的な位置関係なので、同じ正面でも少し
ずれて座る（左胸と左胸を合わせる）、コーナーをはさんで斜めに
座る、等の配慮をする。

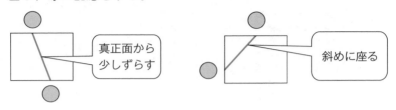

真正面から
少しずらす

斜めに座る

視線を合わせる（アイコンタクト）

● 真剣に相手の話を聴いていることを伝えるために、首だけを相手に
　向けるのではなく、身体の正面を相手に向けて、相手の目をみなが
　ら聴く。
● 目をじっと見ると相手を緊張させてしまう場合があるので、ときど
　き、目の周辺や鼻、口元に視線を移すとよい。

相手のこのあたりを
見るように

表情や身体の動き、言葉、話し方を相手に合わせる（ペーシング）

● 相手の動きと同じ動きをしたり、同じ言葉を使ったりして相手と波
　長をあわせ、相手の話に共感していることを示す。このことをペー
　シング（ミラーリング）という。

ペーシング（ミラーリング）の例
- 表情：相手が笑ったら自分も笑い、悲しそうな顔をしたら自分も悲しそうな顔をする
- 動作：相手が飲み物を飲んだら、自分も飲む
- 話題：相手が天気の話をしたら、自分も天気の話をする
- 言葉づかい：相手がフランクに話したら、自分もフランクに話す
- 話し方：話すスピードや声の大きさ、高さを相手に合わせる

うなずき

● うなずきながら相手の話を聴くことで、相手の話を促す。

● 相手の状況によって、次のうなずき方を使い分ける。

うなずき方の例
- 真剣な関心を示すうなずき
- 誠意と温かさに満ちたうなずき
- 気軽な感じの、ほほえみをともなったうなずき
- 誠意のこもった視線やほほえみをともなったうなずき

あいづち

● あいづちを打つことで、「興味をもって相手の話を聴いている」「相手に話を続けてほしいと思っている」ことを示し、会話の潤滑油にすることができる。

● 同じ言葉を繰り返すのではなく、話の内容に応じて、「そうですね」「なるほど」「はい」「へぇ」などを使い分ける。

繰り返し（エコー）

●相手が強調した言葉やフレーズを繰り返して、共感を示す。

要約

●相手が話した内容を、自分の言葉に置き換えて話す。相手の話を正確に理解したかを確認してもらい、相手が話した内容について自分がどのように感じたかをフィードバックすることができる。

●明るい話題や励ます話題のときは、要約も明るい内容で返す。ただし、要約するときに、先走って話のオチまで話さないようにする。

受け止めの「間」

●ときには、話し手が黙り込んだり、無口になったりすることがある。このような場合も、毎回、きき手が声を発するのではなく、「間」を大切にすることが重要であり、沈黙の間も優しい表情で相手が話し出すのを待つ。話し手が黙るときは、考え込んだり、思いをめぐらせたりしている大事な時間であることを忘れないでおく。

●「繰り返し（エコー）」「要約」、次に説明する「質問」を活用するときも、「間」を大切にする。矢継ぎ早に次の言葉を促されると、相手は話す気をなくしてしまう場合がある。

3　質問の活用

☑相手と会話のキャッチボールをするためには、相手が話すことをきくだけでなく、自分から質問を投げかけて相手の答えを引き出していくことも必要である。話がとぎれたときや、もっと詳しく話をききたい場合は、質問を交えながらきくことで、話の内容を掘り下げることができる。

☑質問の方法には次の3種類があり、質問する目的に応じて適切に使い分ける。

3つの質問方法

クローズド・クエスチョン	・「はい」や「いいえ」で答えられる質問 ・YesかNoのどちらかなので、オープン・クエスチョンよりも答えやすい 【例】「お寿司はお好きですか？」
オープン・クエスチョン	・「はい」「いいえ」ではなく、自由に答えてもらう質問 ・5W3H（いつ、どこで、誰が、何を、どうして、どのように、どのくらい、いくらで）と組み合わせて使う 【例】「お寿司のネタでは何がお好きですか？」
セレクト・クエスチョン	・選択肢をあげて、選んでもらう質問 ・自分で答えを考え出さなくてもよいので、オープン・クエスチョンよりも答えやすい ・ぴったりの選択肢がない場合や選択肢が多すぎる場合は、答えづらいことがある 【例】「お寿司のネタのウニとイクラでは、どちらがお好きですか？」

4　リスニングの具体的なポイント

☑相手に気持ちよく話してもらい、本音を引き出していくために、次
のことに注意する。

相手に話を続けてもらうためのポイント
- 先入観をもたずに、素直な気持ちできく
- 相手が何のために話すのかを理解して、それに合わせたきき方を
  する（話をきいてもらいたいだけ、相談にのってほしい、アドバ
  イスがほしい、など）
- 自分が正しくて相手が間違っているといった感情をもたずにきく
- 反論があっても議論しない
- 相手の話の途中でさえぎらない
- 相手の話を否定しない
- 自分の話に切り替えない
- 反応の薄いあいづちや、過剰なあいづちをしない
- 相手が謙遜した場合は、さりげなく否定する

トーキング・スキル

1 トーキング・スキルの基本

☑ 何も考えずに思いついたままに話すだけでは、自分の言いたいことや気持ちをきちんと相手に伝えることはできない。相手に理解してもらえるように工夫して話すことで、初めて相手に伝えることができる。

☑ 相手に話をするときは、数字や事実などの情報だけでなく、それがどんなことを意味するのか、何のために相手に話すのかということが伝わるように、次のことに注意しながら話す。

ストレートな表現と婉曲的な表現を使い分ける

● 意味は同じでも、言い方によって相手への伝わり方は大きく異なる。日常生活やビジネスでは、「相手を傷つけない」「相手にショックを与えない」といった配慮から、あえて遠回しに言う婉曲的な表現がよく使われる。

● ストレートな表現は相手に強く伝わり、婉曲的な表現はソフトに伝わる。相手や状況に応じて使い分けることが必要である。

ストレートな表現		婉曲的な表現
「話を聞いてください」		「話を聞いていただけるお時間はありますか？」
「今から伺います」		「今からお伺いしたいのですが、お時間をお取りいただけますか？」

ユーメッセージをアイメッセージに変換する

● 自分の要望を伝えるときに、相手（あなた：You）が主語となるメッセージを<u>ユーメッセージ</u>、自分（私：I）が主語となるメッセージを<u>アイメッセージ</u>という。

ユーメッセージ		アイメッセージ
「どうしてメールの返信が遅いのですか？」		「なるべく早く返信してくれると助かります」

● ユーメッセージは、「（あなたは）メールの返信が遅い」と相手を責めたり、「（あなたは）早くメールを返信しなければならない」と命令したりしているような印象を与える。

● アイメッセージは、「メールを早く返信してくれると、（私が）助かる」という意味に変換されていることでソフトな印象となり、相手を責めているような印象を与えることがない。

● 相手に何かを依頼するときは、ストレートに言うのではなく、アイメッセージを使って伝えるようにするとよい。

アイメッセージの例
- ～していただけると助かります
- ～だとうれしいです
- ～だと安心です
- ～ではないかと心配です

非言語コミュニケーションを活用する

● リスニングにおいて「うなずき」や「あいづち」が重要なように、トーキングにおいても態度や表情などの非言語コミュニケーションが有効である。身振り手振りや笑顔、声の表情などによって、言葉だけでは伝わらない無意識の心を伝えることができる。

アサーティブに伝える

● ビジネスシーンや教育分野、医療分野でアサーティブという単語が使われる機会が増えてきた。アサーティブとは、相手に配慮しながらも自分の意見を対等に主張するという意味である。自己主張が強すぎたり、逆に相手の意見に合わせすぎたりすることなく、相手も自分も尊重しながらコミュニケーションすることを心がける。

会話の順番を工夫する

●話す側が、「自分、自分、自分」と一方的に話すだけにならないよう、コミュニケーションのキャッチボールをしながら会話をリードしていく。

●この順でコミュニケーションを進めると、相手が多く話すことになるため、相手も満足感を得ることができる。とくに、話し好きの人に自分の意図を伝えたい場合に有効な方法である。

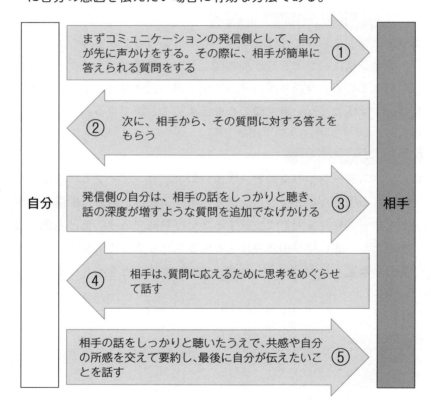

自分

① まずコミュニケーションの発信側として、自分が先に声かけをする。その際に、相手が簡単に答えられる質問をする

② 次に、相手から、その質問に対する答えをもらう

③ 発信側の自分は、相手の話をしっかりと聴き、話の深度が増すような質問を追加でなげかける

④ 相手は、質問に応えるために思考をめぐらせて話す

⑤ 相手の話をしっかりと聴いたうえで、共感や自分の所感を交えて要約し、最後に自分が伝えたいことを話す

相手

● 自分が話すことを、相手が頭の中で整理して理解できるように、言いたいことを論理的に組み立ててから伝えることが必要である。

● 話す目的を考えて、話があちこちに飛ばないようにポイントをまとめる。その際、伝えたいことを相手に受け止めてもらうために、相手の立場に立って、相手にとってのメリットと関連させながら話すようにする。

● 一度にいくつかの話をする場合、内容の種類によって話を分ける。一つの内容であっても、書くときに段落を分けるように、部分ごとに分けて話すと伝わりやすくなる。

● 部分ごとに分けた場合、それぞれの内容に関係性があれば、適切な接続詞（「ですから」「それと反対に」など）を活用して関連づける。

● 重要な内容や言葉について、話し忘れないように注意する。

● 最後に結論を述べる話し方だと、聞き手は長々と話を聞かされることになり、途中で飽きてしまったり、イライラして聞いてもらえなくなることもある。できるだけ結論を先に述べるようにする。

【例】「結論は○○です。なぜならば～」

● 話のテーマに対する関心が薄いと思われる相手に話す場合には、結論や話の内容をあらかじめ伝えておくと、事前にその話を聞くモードになってもらえる。

2　トーキングの具体的なポイント

☑話し手として相手に発信するときは、言語コミュニケーションと非
　言語コミュニケーションの両方を意識して、次のことに注意する。

> 話し手として発信するときに注意すること
> ・わかりやすい言葉を選んで話す
> ・適切な声の大きさ、トーンで話す
> ・一音一音、明瞭な発声を心がけ、語尾まではっきりと話す
> ・相手が聞き取れる適切なスピードで話す
> ・文章の区切りや内容にあわせて、適宜、間を入れる
> ・単調にならないように抑揚をつける
> ・耳障りな話し方のくせはなくす
> ・強調する部分を際立たせる（声の大きさ・間、言葉、身振り手振
> 　りなど）
> ・聞き手の理解度を確認しながら、それにあわせて話す
> ・肯定的な表現を使い、否定的な言葉はできるだけ避ける
> ・相手との位置関係や距離を工夫する
> ・視線を合わせる（アイコンタクト）
> ・数字や大きさなどを表すときは、ハンドジェスチャーを使う
> ・相手の理解を助ける資料やツールを活用する
> ・話をする場所や周囲の騒音など、話す環境にも気を配る

3　言いづらいことの伝え方

☑相手に迷惑をかけてしまったときや、相手に不利益なことを伝える
　とき、相手の意見に反論するときなどは、次のような工夫をする。

● 言いづらい言葉の前にクッション言葉をつけることで、丁寧で優し
い印象を与えることができ、否定的な印象をやわらげることができ
る。

● クッション言葉は、文の先頭だけに限らず、文の終わりに再度使う
ことで、より敬意を伝えることができる。その場合、同じクッション
言葉を2度使ってもよいし、状況にあった別のクッション言葉を使
うこともできる。

クッション言葉の例

依頼するとき	・お手数ですが ・ご面倒ですが ・恐れ入りますが ・ご迷惑とは存じますが ・申し訳ございませんが
提案するとき	・よろしければ ・お差し支えなければ ・すでにご存じかと思いますが
質問するとき	・失礼ですが ・つかぬことをお伺いしますが
断るとき	・申し訳ございませんが ・恐縮ですが ・残念ですが ・せっかくですが ・あいにくですが ・ご期待に添えず大変申し訳ございませんが
反対意見を言うとき	・おっしゃるとおりでございますが ・ご意見はごもっともではございますが

命令形表現は依頼形表現に変換する

●相手に依頼するときの「〜してください」という表現は、依頼された側に選択肢がないため、命令されているように感じる。このような場合は、相手に協力を求めるような表現に変えることで、不愉快に思われるのを防ぐことができる。クッション言葉をつけると、さらに表現をやわらげることができる。

命令形表現 依頼形表現

「あちらに並んでください」 「恐れ入りますが、あちらに並んでいただけますか？」

否定形表現は肯定形表現に変換する

●「〜ません」という否定形表現は、言われた側は要望などをきっぱりと否定されたと感じるので、「仕方なく」という気持ちがこもった肯定形表現に変換する。クッション言葉をつけると、さらに表現をやわらげることができる。代案を提案することも有効である。

否定形表現 肯定形表現

「できません」 「あいにくですが、こちらはご要望に沿いかねます。そちらの○○なら対応できますが、いかがでしょうか」

二重否定は二重肯定に変換する

●二重否定は肯定しているのと同じ意味になる。「～ない」という否定形表現よりも肯定形表現を使うほうが、印象が良くなる。

否定形表現

「全員が賛成しないと、この計画は実行できません」

肯定形表現

「全員が賛成すれば、この計画を実行することができます」

マイナス・プラス法を使う

●マイナスなことを言ってからプラスのことを言うことで、ポジティブな印象を与えることができる。この逆だと、マイナスのイメージのほうが強くなってしまう。

プラス・マイナス法

「この本は、いいことが書いてあるんだけど、高いね」

マイナス・プラス法

「この本は、高いけどいいことが書いてあるね」

さまざまなコミュニケーション

1　コミュニケーション手段の多様化

☑通信手段の発展により、人と人がコミュニケーションをする機会や方法は格段に増加してきた。しかしながら、属性の違いや年代の違い、主として使用する方法の違いによって、新たなひずみも生じている。この節では、コミュニケーション手段ごとの特性とポイントについて確認していく。

2　電話

☑電話によるコミュニケーションには、一般的に次のような特性がある。

- いつ、誰からかかってくるか予想がつかない
- 最初に電話に出たときに、誰からの電話なのかすぐにはわからない
- 通話している相手の状況がわからない
- 声や言葉だけでコミュニケーションしなければならない

☑電話によるコミュニケーションには視覚情報がない分、対面によるコミュニケーション以上に、相手の状況を想像して思いやるホスピ

タリティが重要である。とくに、ビジネスで電話を使う場合は、次の点に注意する。

かかってきた電話に出るとき

● 電話をかけてきた相手は、「担当者と話したい」「商品について知りたい」「手続きについて知りたい」「面会のアポイントを取りたい」など、さまざまな目的があって電話をかけてくる。かかってきた電話に出るときは、その目的を果たせるようにすることが重要であり、「それでどうすればいいの？」と相手が言いたくなるのは不十分な対応である。

● コール音が鳴ってからなるべく早く出て（3コール以内）、相手を待たせないようにする。4コール以上待たせた場合は、必ず「お待たせいたしました」と言う。

● 電話に出たときは、挨拶したうえで（おはようございます、お電話ありがとうございます、など）、会社名と部署名を名乗る。組織の規模により異なるので名前まで名乗るかどうかは統一しておく。

● 相手の会社・所属、名前、要件など、相手の言うことを聞きもらしたり、伝え忘れたりすることのないよう復唱確認し、メモをとりながら聞き取る。

【メモの内容】

・誰が
・いつ
・誰宛て
・用件
・受信者

● 伝言を受けた場合は、「私○○が承りました。△△に確かに申し伝えます」と言う。
● 電話を切るときは、相手が電話を切ったのを確認してから受話器を静かに置く。
● 話したい相手が不在の場合は、折り返し電話が必要かどうかを確認し、必要な場合は連絡先を聞いておく。

電話をかけるとき

● 電話をかける時間帯を考え、朝一番や終業間際、時間外などは避けるようにする。どうしてもその時間帯にかけなければならないときは、「遅い時間に申し訳ありません」などの言葉を添える。
● 話す内容を事前にメモなどにまとめておき、相手にきちんと意味が伝わるよう、簡潔に要領よく話す。
● 話したい相手と電話がつながったら、相手の都合を確認してから話し始める。
● 用件がすんで電話を切るときは、お礼を述べてから、先に受話器を置く。

電話で話すとき（かかってきたとき・かけるとき共通）

● 電話の常套句を適切に使い、感じのよいマナーで会話する。
● 電話の応対時は正しい姿勢を保ち、面前に相手がいるような気持ちで明るくはきはきと応対する。相手に姿は見えなくても、表情をつくり、実際におじぎしながら電話応対すると、相手にホスピタリティ・マインドが伝わりやすくなる。
● 相手の声が聞き取りづらいときは、相手のせいにせず、「少々お電話が遠いようですが」と、受話器に口を近づけてもらうよう促す。電波状態が悪いときは、折り返しこちらから連絡するようにする。

●さらにホスピタリティある対応をするために、相手の状況を踏まえて、共感の言葉やプラスアルファの言葉を交えながら会話を進める。

●個人で対応できないことは、先輩や上司に聞くなどして、組織力を活かした最適な判断を心がける。

3　ビジネスメール

☑メールによるコミュニケーションには、一般的に次のような特性がある。

- 時と場所を選ばずに受信することができ、閲覧するタイミングや場所を選ばない
- 受け取ったメールの管理がしやすい（フォルダ分け、削除、保存、など）
- 直接受信者宛てに送る他、CC（Carbon Copy）やBCC（Blind Carbon Copy）を活用して、同じ文面を複数の人に同時送信することができる

- メールによる文面だけでは、文章の巧拙によって言いたいことが伝わらない場合がある

☑ メールは、読む相手のことを考えて、読みやすく理解しやすい簡潔な文章にすることが必要である。とくにビジネスメールにおいては、次のことに注意する。

- 相手が開封の優先順位をつけることができるよう、簡潔で概要がわかる件名をつける
- メールの最初と最後に簡単な挨拶文を記載する
  【例】「いつもお世話になっております」
  　　　「お手数をおかけしますが、よろしくお願いいたします」
- 相手が読みやすいメールにするために、長文にならないよう、要点を絞って簡潔に書く。本文が長くなるときは、2 〜 3 行ごとに改行する
- 送信する前に、内容的におかしい箇所はないか、誤字脱字がないか、メールの宛先を間違えていないか、資料の添付忘れがないか確認する
- 重要な内容や緊急の連絡については、メールだけに頼らず、電話と組み合わせて伝える

4　手紙・はがき

☑ メールや電話の発達により、最近は手紙やはがきを個人で活用する機会が少なくなってきた。けれども、気軽にできるデジタルコミュニケーションが主流になった今だからこそ、お礼やお祝い、お悔やみの気持ちなどを相手に伝えるために、手紙やはがきの効果が見直されているともいえる。

☑ ホスピタリティ・コミュニケーションの手段として手紙やはがきを活用する際は、次のポイントに留意する。

- 相手のことを思いながら言葉を選び、丁寧に心をこめて書く
- 目上の人に出すときや、改まった手紙を出すときは、手紙の形式にのっとって書く

【手紙の基本構成】

> ・前文：頭語（拝啓、前略など）、時候の挨拶、安否の挨拶、お礼やお詫び
> ・主文：起こし言葉（さて）、本文
> ・末文：結びの挨拶、結語（敬具、草々など）

- 自由な形式で手紙を書く場合も、季節の描写、自分や家族の近況、相手への感謝、ねぎらいの言葉など、自分の言葉で丁寧に書くと気持ちが伝わる

5 SNS

☑ 最近は、スマートフォンの普及によって、SNSの利用者数も急拡大している。SNSとは、ソーシャルネットワーキングサービス（Social Networking Service）の略で、インターネットを介し、スマートフォンやタブレット、パソコンを使って人と人がコミュニケーションするためのサービスのことをいう。

☑ 発信者から受信者へ一方向に電子的なメッセージを送るメールと異なり、メッセージや写真、動画を、相互に、あるいは特定、不特定の複数の人の間でやりとりすることができる。

☑一般的にSNSによるコミュニケーションには、次のような特性がある。

- 絵文字やスタンプなどで、手軽に感情を表すことができる
- 文章以外の写真や音声、動画も共有することができる
- 簡単な操作で、多くの人と手軽にコミュニケーションできる
- 会ったことがない人にもコンタクトでき、有名人とも気軽につながることができる

- さまざまな人が利用しており、人によってメッセージの受け取り方の濃淡が異なる（相手を特定せずに幅広く発信したメッセージでも、受信者側は自分一人に向けられたメッセージだととらえてしまう可能性がある）
- 感覚的に操作することができるため、相手への配慮がないまま発信してしまうリスクがある
- メールと同様に、画面上の内容だけでは言いたいことが伝わらない場合がある
- 対面や電話などの直接行うコミュニケーションに苦手意識をもっている人が、SNSに過度に依存するようになるリスクがある

☑SNSのメリット、デメリットを理解したうえで、SNSを利用する際は次の点に注意する。

- 不特定多数の人たちに対する情報発信だからといって、自分の考えだけで情報を発信するのではなく、その情報を目にした人や、話題にされた人の感情や立場を考えたうえで発信する。そして、自分の発信に対して責任をもつ。
- 不注意で自分や他人の情報を漏洩してしまわないように注意する。友人と一緒に写っている写真などを勝手に公開すると、公開を望まない友人の個人情報まで流出させてしまうことになる。
- 匿名の発信だとしても、言われた人の立場に立って、悪口や誹謗中傷は書かない。実害があると認められれば、名誉棄損罪や侮辱に問われる可能性もある。意見の一つとして反対意見を書く必要がある場合は、感情的になって書くのではなく、論理を明確にしたうえで、できるだけ婉曲的な表現で書くようにする。
- 誰かの意見や著作物から引用する際は、使用しているサービスのルールに従い、著作権を侵害しないように注意する。
- 情報源が不明確な情報や、真偽が定かでない情報は、むやみに拡散しない。悪意がなくても、拡散した自分自身がトラブルの加害者となってしまう可能性がある。

確認問題

【問46】　　　　　　　　　　　　　　　　　　　　　　　　　　　基本

　ホスピタリティ・コミュニケーションに関する記述について，適切なものは次のうちいくつありますか。

(a)個々の相手の立場や状況・考え・気持ちに配慮して，思いやりや優しさの気持ちをもって行うことがホスピタリティ・コミュニケーションである。

(b)相手の話をきく場合でも，自分の伝えたいことを話す場合でも，「あなたの立場だったら，私もそう感じる」といった共感の言葉を伝えることが重要である。

(c)コミュニケーションは言葉だけではなく，身振り手振り，表情をはじめ，お互いの目に入るものがすべて含まれたかたちで行われる。

----

(1)1つ

(2)2つ

(3)3つ

解答解説　【問46】(3)

解説：(a)○相手の立場や状況・考え・気持ちに配慮してコミュニケーションをとることがホスピタリティ・コミュニケーションです。(b)○ホスピタリティ・コミュニケーションにおいては，リスニングかトーキングかにかかわらず，共感の言葉を伝えることが重要です。(c)○コミュニケーションは，言語だけでなく非言語的コミュニケーションも含めて行われます。

リスニング・スキルに関する記述について，適切なものの組合せは次のうちどれですか。

(a)真剣な関心を示すうなずきには，「はい，はい」「なるほど，なるほど」のあいづちを加えると，真剣さが伝わる。

(b)目をじっと見ると相手を緊張させてしまう場合があるので，ときどき，目の周辺や頭頂部，口元に視線を移すとよい。

(c)相手の話に関心を寄せ，五感を働かせて「聴く姿勢」と，問いかけをして考えなどを聞き出す「訊く姿勢」が重要である。

(1)　(a)　(b)

(2)　(b)　(c)

(3)　(c)

解答解説 【問47】(3)

解説：(a)×あいづちを重複して行うと，真剣に話をきいていないという印象を持たれる可能性があります。(b)×リスニングにおいては，相手の目を見ることに加えて，ときどき目の周辺や鼻に視線を移すとよいでしょう。「頭頂部」は適切ではありません。(c)○

【問48】　　　　　　　　　　　　　　　　　　　　　　　　　　基本

　質問の種類とその例に関する組合せについて，適切でないものは次のうちどれですか。

	質問の種類	例
(1)	クローズド・クエスチョン	「３種類のお菓子のうち，どちらをお選びになりますか」
(2)	オープン・クエスチョン	「最近の映画の中では何がお好きですか」
(3)	セレクト・クエスチョン	「お寿司のネタのウニとイクラは，どちらがお好きですか」

解答解説　【問48】(1)

解説：クローズド・クエスチョンは，「はい」か「いいえ」で答えられる質問のことをいいます（例：「読書は好きですか？」）。(1)の質問はセレクト・クエスチョンです。

ホスピタリティ・トーキングに関する記述について，最も適切なものは次のうちどれですか。

----

(1)話を部分ごとに分けた場合，それぞれの内容に関連性があれば，適切な助詞を活用する。

(2)「相手を傷つけない」という配慮から，ストレートな表現は使わず，婉曲的な表現を多用する。

(3)数値の情報を伝えるときは，伝える目的とその数値がどのようなことを意味するのかを伝える。

解答解説 【問49】(3)

解説：(1)話を部分ごとに分けた場合は，「適切な助詞」ではなく，「適切な接続詞」を活用します。(2)相手や状況によって，ストレートな表現と婉曲的な表現を使い分けることが望ましいといえます。

【問50】 実践

　「ホスピタリティ・トーキング」に関する記述について，適切なものは次のうちどれですか。

(1)自分が伝えたいことを相手にしっかりと伝えるためには，できるだけ自分が話す機会を多くする。

(2)「ユー（You）」メッセージで「この資料を破棄して」とストレートに言うと，相手は気持ちよく要望を受け入れてくれる。

(3)「新製品Aの機能は優れていますが，以前のものより値段は高いです」より「新製品Aは以前のものより値段は高いですが，機能は優れています」と説明するほうがプラスのイメージが強くなる。

(4)婉曲的な表現で「恐れ入りますが，こちらの書類を確認していただけますか」とお願いするより，ストレートな表現で「こちらの書類を確認してください」と確認を促すほうが，相手に強く伝わるのでよい。

解答解説 【問50】(3)

解説：(1)自分が伝えたいことを相手にしっかりと伝えるためには，質問や相手の話の要約を交えて話すと，相手の満足感を得ながら会話をリードすることができます。(2)「ユー（You）」メッセージは指示・命令のように聞こえるため，「アイ（I）」メッセージで言ったほうが，言われた側は尊重してもらえたと感じることができます。(4)意味は同じでも，ストレートな表現は相手に強く伝わり，婉曲的な表現はソフトに伝わるので，一概にストレートな表現のほうがよいとは言えず，目的に応じて使い分けることが必要です。

ビジネスにおける電話応対に関する記述について，最も適切なものは次のうちどれですか。

----

(1)問合せのためにかかってきた電話を切るときは，「お問合せありがとうございました」といったお礼を述べてから，先に受話器を置く。

(2)相手の声が聞き取りにくい場合は，「お声が聞き取りづらいので，こちらから折り返します」と伝え，折り返し電話する。

(3)間違い電話に対しては，「何番におかけですか？」と柔らかい表現で，相手に間違っていることを伝えるのが好ましい。

解答解説 【問51】(3)

解説：(1)かかってきた電話を切るとはは，相手が電話を切ったことを確認してから，静かに受話器を置きます。(2)「お声が聞こえづらい」というと，相手の話し方が悪いという印象を与える可能性があります。「少々お電話が遠いようです」「電波の状況が悪いようです」などと伝えることが望ましいといえます。

【問52】　　　　　　　　　　　　　　　　　　　　　　　　基本

　　ビジネスメールおよび手紙の特性とポイントに関する記述について，適切でないものは次のうちどれですか。

⑴深夜にビジネスメールを送ることは，相手が「時間外の業務対応を求められている」と感じる可能性があり，基本的に避けるのが好ましい。

⑵ビジネスメールは手紙の形式にのっとった格調高い文章で書くことが望ましく，そのために本文が長くなったとしても差し障りはない。

⑶目上の人に改まった手紙を出すとき，手紙の基本構成の一つである「後付」として，日付や差出人の署名，宛名が含まれる。

解答解説　【問52】⑵

解説：ビジネスメールにおいては，手紙の形式どおりの冗長な文章よりも，要点を絞った読みやすい文章のほうが好ましいといえます。

「SNSを利用する際の注意点」に関する記述について，適切でないものは次のうちどれですか。

---

(1)AさんがSNSに書いたCさんへの誹謗中傷を，BさんがSNSの機能で拡散した場合は，Aさんは加害者となるが，Bさんは加害者とならない。

(2)著作物から引用する際は，使用しているサービスのルールに従い，著作権を侵害しないように注意する。

(3)友人と写っている写真を，友人の許可なくSNSで公開すると，個人情報を流出させたとしてトラブルになる可能性がある。

解答解説 【問53】(1)

解説：誰かが書き込んだ情報を，悪意なく拡散した場合でも，拡散した人も加害者とみなされる可能性があります。情報源が不明確な情報や真偽が定かでない情報，誰かを傷つける内容などは，むやみに拡散しないようにすることが必要です。

【問54】　　　　　　　　　　　　　　　　　　　　　　　　　　基本

　下記の事例において，空欄①に入るＡさんの質問とその質問の分類
に関する組合せとして，最も適切なものは次のうちどれですか。

────────────────────────────────────

　Ａさんは，イタリア料理店で働いている従業員である。この店では
最近，店内飲食だけでなく，テイクアウトにも力を入れており，パス
タセットのメインディッシュに加えて，スープやサラダなどのサイド
メニューについても，幅広くテイクアウトの提供を行っている。ある
日，家族との夕食のためにサラダを買いに来たというお客さまが来店
し，Ａさんに次のようなことを尋ねた。

　お客さま：「うちの家族でセロリが苦手な人がいるのですが，この
　　　　　　　Ｓサラダには入っていないですかね？」
　Ａさん　：「すみません。Ｓサラダにはあいにくセロリが入ってお
　　　　　　　りまして…。」
　お客さま：「そうなんですね。では，どうしようかしら…。」
　Ａさん　：「サラダでしたら，他にもＴサラダやＵサラダがござい
　　　　　　　まして，これらにはセロリは含まれておりません。Ｔ
　　　　　　　サラダは定番で人気があり，Ｕサラダは期間限定の新
　　　　　　　作メニューですね。（　①　）」

────────────────────────────────────

	空欄①に入る質問	質問の分類
(1)	よろしければご注文はなさいますか？	オープン・クエスチョン
(2)	ご注文はどちらになさいますか？	セレクト・クエスチョン
(3)	ご注文など，いかがなさいますか？	オープン・クエスチョン

【問54】(3)

解説：(1)「はい」か「いいえ」で答えられる質問は，「クローズド・ク
エスチョン」に分類されます。(2)選択肢を挙げて，その中から選んでも
らう質問は「セレクト・クエスチョン」に分類されますが，本事例の場
合，お客さまが別のサラダを注文したいとまでは言っていないのに，Ｔ
サラダかＵサラダのどちらかを選ばせる質問をするのは望ましくないと
いえます。

【問55】　　　　　　　　　　　　　　　　　　　　　　　　　実践

　　下記の事例において，空欄①に入る店員Ａさんの対応として，ホスピタリティ・コミュニケーションの観点から，最も適切なものは次のうちどれですか。

　　Ａさんは，商店街にある雑貨店で働いている。レジ袋が有料化したため，店舗では小サイズと大サイズのレジ袋を準備し，それぞれの価格とともに袋の現物をわかりやすくレジ前に提示した。
　　Ａさんは，お客さまにレジ袋の購入有無を確認してから袋詰めをしているが，お客さまから「レジ袋は買いたいけど，小と大のどちらを選んだほうが良いのかわからない（自分の購入量に応じた袋のサイズの判断がつかない）」と度々言われた。Ａさんは，レジ袋を希望するお客さまへのよりわかりやすい説明を考え，対応を行うことにした。
　　お客さま：「こちらの品物のお会計をお願いします。」
　　Ａさん　：「かしこまりました。レジ袋はいかがいたしますか？」
　　お客さま：「エコバッグを忘れちゃったから，お願いします。」
　　Ａさん　：（　①　）

----

(1)「レジ袋には，大きい袋と小さい袋がございます。どちらをご希望でいらっしゃいますか？」
(2)「ご購入のお品物からすると，小さいレジ袋でなんとかギリギリ入ると思いますが，いかがなさいますか？」
(3)「小さいレジ袋にも入りますが，商店街でお買い物をされるなら，大きいレジ袋がおすすめですがいかがですか？」
(4)「どちらでも入ると思いますが，小さいレジ袋は３円，大きいレジ袋は５円ですが，どうなさいますか？」

解説：(1)自分の購入量に応じた袋のサイズの判断がつかないというお客さまの声に対応しておらず，適切であるとはいえません。(2)「なんとかギリギリ入る」という言葉はお客さまに不安を与える可能性があり，お客さまが選びづらいため，言葉として好ましくありません。(4)「どちらでも入ると思います」は，投げやりに聞こえる可能性があるうえ，お客さまに判断しづらいことを委ねてしまっています。

【問56】　　　　　　　　　　　　　　　　　　　　　　　　基本

　下記の事例において，空欄①に入るファッションアドバイザーであるＡさんの対応として，最も適切なものは次のうちどれですか。

- -

　Ａさんはセレクトショップ（複数のメーカーやブランドの商品を販売する小売業）の店員であり，ファッションアドバイザーの資格をもっている。

　Ａさん　　：「いらっしゃいませ。何かお探しですか？」
　お客さま：「仕事用のバッグが欲しいのですけれど……。」
　Ａさん　　：「仕事用のバッグですね。お差し支えなければ，どのようなお仕事をされているのか，お教えいただいてもよろしいですか？」
　お客さま：「営業職なんです。使い勝手がよいバッグがいいな。」
　Ａさん　　：「使い勝手を重視されるのでしたら，こちらがおすすめです。Ａ４サイズの書類が入るサイズですし，スマホ，横長財布，折り畳み傘なども収納できるポケットが多くついているのですよ。」
　お客さま：「いいわね。このバッグにしようかな。」
　Ａさん　　：「黒，茶色，ネイビーと３色ございます。（　①　）」
　お客さま：「うーん，どうしようかな。それじゃ，ネイビーにします。」
　Ａさん　　：「かしこまりました。ありがとうございます。」

- -

(1)ちなみに，雑誌やSNSでも紹介されている人気商品なのですよ。３色とも在庫は少なくなってきています。特にネイビーはあと１つしか残っていないのですよ。
(2)ネイビーはお好きですか？　３色の中では一番お客さまにお似合い

のお色かと思いますよ。ネイビーは落ち着いて見える色ですので，お仕事用に向いていると思います。

(3)うちのスタッフにも人気のあるバッグで，持っている者が結構おります。私もこのバッグを持っているのですよ。お仕事用として無難な色を選ばれたらいかがでしょうか。

解答解説 【問56】(2)

解説：(1)「あと一つしか残っていない」と言うと，急かされているような印象をお客さまに与えてしまいます。また，商品の売れ行きに関する状況を説明しているだけで，お客さまの状況に応じたアドバイスをしていません。(3)お客さまの好みを引き出すわけでもなく，無難な色を選ぶように言っている点は，ファッションアドバイザーとしての応対とはいえません。

【問57】　　　　　　　　　　　　　　　　　　　　　　　　　　　実践

　下記の事例において，Aさんの対応として，ホスピタリティ・コミュニケーションの観点から，最も適切なものは次のうちどれですか。

　AさんはX銀行の窓口係に配属された新人で，現在は店内研修中である。本日は電話応対を担当しており，お客さまからの電話で「午後からそちらの窓口に手続きに行く予定の者だが，今日しか時間が取れないので必要書類を確認したい」と言われた。自分ではわからない内容であり，3名の先輩は全員来客対応中で確認することができない。

---

(1)「私ではわかりかねますので，わかる者の手が空きしだい確認し，私から折り返しお電話します」と言う。

(2)「わかる者が今ふさがっていますので，少々お待ちください」と言って電話を保留にする。

(3)「わかる者が全員取り込んでいますので，手が空いた者が出ましたら，その者から折り返し連絡させます」と言う。

(4)「私ではわかりかねますので，担当から折り返しお電話をいたします。ご都合はいかがでしょうか」と言う。

解答解説 【問57】(4)

解説：(1)本日中に必ず手続きしたいお客さまにとって，わからない人から電話をもらうのは不安であるといえます。(2)いつ対応が終わるのかわからない間，お客さまを待たせるのは不適切です。折り返し連絡することが望ましいといえます。(3)「手が空いたものが出ましたら」「取り込んでいる」という表現は，自分がおざなりにされたという印象を相手に与える可能性があります。

【問58・問59】

下記の事例にもとづいて，【問58】および【問59】に答えてください。

　Ａさんは，飲料メーカーの営業部の課長職である。最近，部下のＢさんの営業実績が低くなっていることを気にかけている。Ｂさんは入社３年目で，主な仕事はスーパーや小売店などの取引店の新規開拓で，日中は外回り営業をしている。ある日，Ａさんは外出先から戻ってきたＢさんに話しかけた。

Ａさん：「ご苦労さま。今日の営業はどうだった？」

Ｂさん：「じつは昨日に続き，今日も空振りでした。でも，先月うちの会社は売れ筋商品の値上げをしたばかりなので，お客さまがそれを受け入れてくれないのも無理はないと思います。」

Ａさん：「①そうか。残念だったね。」

Ｂさん：「…はい。」

Ａさん：「Ｂさん，お客さまに値上げを納得してもらうためには，どうしたらいいと思う？　単に『値上げしました』というこちらの言い分だけでは伝わらないよね。」

Ｂさん：「うーん…。」

Ａさん：「②まずは，お客さまの意見をよくヒアリングすることが大切だと思うよ。それからなぜ値上げをしたのか，きちんとしたデータを用いて丁寧に説明してあげるといいよね。いつもお客さまのことを大切にし，喜んでもらうことを考えているＢさんなら，その方法がいいと思うよ。」

Ｂさん：「わかりました。まずはお客さまのご意見を再度聞いて回ってみます。でも，こちらのヒアリングすらさせてもらえ

　　　　　　　　なかったら仕方ないと思います。」

Ａさん：「③Ｂさん，私のアドバイスを素直に聞き入れてくれる姿
　　　　　勢はよいことだと思う。ただ，そうやって，すぐにあき
　　　　　らめたりする癖はよくないね。」

Ｂさん：「すみません。気をつけます。」

Ａさん：「④そうだね。普段から何としてでも営業実績を上げようっ
　　　　　ていう熱意をもってくれていると，直属の上司として私
　　　　　もうれしいよ。Ｂさんを見ていると，今ひとつそれが感
　　　　　じられないのだけど，どうかな。」

Ｂさん：「そんなことはないです。やる気はあります。」

Ａさん：（　　⑤　　）

Ｂさん：「わかりました。できるだけ頑張ります。」

【問58】 実践

下線部①〜④におけるＡさんのホスピタリティ・コミュニケーションに関する記述について，適切でないものは次のうちどれですか。

(1)下線部①について，Ｂさんの報告に対し，少ない一言で返してしまっている。この場合，Ｂさんの話の内容を要約して返すことで，「Ｂさんの話をよく理解しながら聴いている」という姿勢を示すべきである。

(2)下線部②について，Ｂさんが自身の意見を出す前に，Ａさん自身の意見を発言してしまっている。この場合，Ｂさんが発言するまで待ってあげることで，「Ｂさんの考えを尊重している」という姿勢を示すべきである。

(3)下線部③について，Ｂさんへの評価として，よい内容を先に，よくない内容を後に言ってしまっている。この場合，よい内容を後に言うことで，Ｂさんに対する肯定的な気持ちを示すべきである。

(4)下線部④について，Ｂさんへの要望として，Ａさん自身を主語にした「アイ（Ｉ）メッセージ」で伝えてしまっている。この場合，Ｂさんを主語にした「ユー（You）メッセージ」で伝えることで，Ｂさんに対する率直な気持ちを示すべきである。

解答解説 【問58】（4）

解説：「ユーメッセージ」で伝えてしまうと，相手を責めたり，命令したりする印象が強くなり，たとえ部下といえども，相手への要望の伝え方として望ましくありません。「アイメッセージ」で伝えることで，ソフトな印象を与えることができます。

【問59】　　　　　　　　　　　　　　　　　　　　　　　実践

　　空欄⑤に入るＡさんの言葉に関する記述について，最も適切なもの
は次のうちどれですか。

----

(1)「やる気があっても『無理はない』とか『仕方がない』とマイナス
　　な気持ちで営業しても，成果は出ないからね。」
(2)「入社３年目なのだから，新人レベルのやる気じゃないよね。Ｂさん
　　はいずれ営業部の中核を担うんだからね。」
(3)「やる気があると言うなら，自分から物事を積極的に進めようとす
　　るための目的意識をもつことが必要だよ。」
(4)「お客さまが納得し，お客さまに喜んでもらうことが仕事の原点で
　　あることを忘れずに取り組むことが大切だよ。」

解答解説　【問59】(4)

解説：(1)Ｂさんの問題点を指摘しているのみで，プラスな気持ちで営業
できるようにする改善策のアドバイスをすることがのぞましいといえま
す。(2)期待している気持ちはあっても，「新人レベルのやる気じゃない
よね」とモチベーションが下がる言葉を言っているのは不適切です。(3)
Ｂさんの問題点の裏返しを伝えているだけであり，具体的な改善策のア
ドバイスをするべきであるといえます。

第6章

ビジネスにおける
ホスピタリティの実践

働き方改革とホスピタリティ

1　「働き方改革」とは

☑働き方改革とは、「働く方々が、個々の事情に応じた多様で柔軟な働き方を、自分で選択できるようにするための改革」と定義されている（厚生労働省ホームページより）。

☑少子高齢化による生産年齢人口の減少や、労働者のニーズの多様化が背景となり、改革の必要性が叫ばれるようになってきた。「働き方改革」は、大企業だけでなく、日本企業の大部分を占める中小企業・小規模事業者にも求められており、いまや日本全体の課題となっている。

☑「働き方改革」の実現に向けた具体的な課題として、次の 2 点があげられている。

①長時間労働を解消して働きすぎを防ぎ、労働者の健康を守って、多様なワーク・ライフ・バランスを実現すること
②同一企業内において、正社員とパートタイマー、派遣労働者などの間にある不合理な待遇の差をなくし、どのような雇用形態を選択しても納得できるようにすること

☑「働き方改革」における課題を解決するために、企業それぞれが次のようなことを実践する必要がある。

企業全体で仕事を見直し、仕事量を減らす

● まず、企業全体、部門、部署、チーム、個人といったすべての階層において、業務の見直しを行い、不採算事業からの撤退や、無駄な仕事の廃止を行うことで仕事量を減らし、ほんとうに必要な仕事は何かについて再定義することが必要である。

● 一般的に人間は仕事を作り出すものであり、時間がたつにつれて、なぜその仕事が必要になったかがあいまいになって、仕事がかたちだけ残ってしまう。仕事の生産性を高め、つねに革新的であるためには、定期的に仕事そのものを見直すことが必要である。

● 仕事を再定義したら、それを担う人材について、正社員か正社員以外かといった就業形態や資格ではなく、どのような能力・スキルをもった人材が必要かという視点で明確にしていく。そして、同じ仕事内容、同じ能力・スキルであれば、待遇に差をつけないようにすることで、各人が納得感をもって仕事をすることができるようになる。

働き方の選択肢を増やす

● 個人の事情や考え方に応じて多様な働き方ができるよう、次のような複数の選択肢を用意することも有効である。ただし、法律で定められている制度以外は、企業の事業内容や体力などによって提供できる選択肢は異なる。

- 就業形態：総合職、地域総合職、一般職、契約社員、パートタイマー、派遣社員など
- 勤務時間：フルタイム、フレックスタイム、有期雇用など
- 勤務場所：本社・支社、サテライトオフィス*、在宅勤務など
- 休暇・休職制度：育児休暇、介護休暇、リフレッシュ休暇、ボランティア休暇など

＊サテライトオフィス：企業の本社・支社以外の場所に設置されたオフィス

● まずは、どんな会社を目指すのか、どんな従業員に働いてほしいのか、その人材を確保するために提供すべき選択肢は何かといった視点で、方針を明確にしていく。

選択肢を活用しやすい雰囲気をつくる

● 制度としてさまざまな選択肢が用意されていても、それを実際に活用することができなければ、「絵に描いた餅」である。日ごろから職場内のコミュニケーションを円滑にし、制度利用の希望を従業員が言い出しやすい雰囲気をつくっておくことが重要である。リフレッシュ休暇などは、上司が率先して取得するのも有効である。

● ある従業員が仕事を離れる場合は、その従業員の代わりに他の従業員がその仕事をしなければならない。スムーズに仕事が進められるよう、日ごろから仕事の分担を工夫して、調整しやすいようにしておく。

● 実際に、所属員から制度利用の申し出を受けたときは、相手の事情や考え方、感情に応じて対応する。

所属員から申し出を受けたときの対応例

事例	対応
部下から、妊娠したことを告げられた	・まずは子どもができたことを祝う。 ・今後の就業や勤務条件に関する本人の希望を確認したうえで、本人の健康、仕事への影響、引継ぎ等を考慮して今後の働き方について上司が検討し、必要に応じて、仕事の引継ぎや復帰時期、復帰後の働き方等に関して本人の了解を得る。 ・同僚や社外の取引先など、妊娠したことの周知範囲を本人と相談して明確にする。 ・体調が悪いときは、遠慮せずに休暇を取得するよう促す。
男性社員から、育児休暇制度を取得したいと告げられた	・まずは、育児参加しようという子どもや配偶者に対する気持ちをほめる。 ・休暇取得の時期や期間についての希望を確認したうえで、仕事への影響や、その対処方法についての本人の考えをきく。 ・テレワークなど育児参加できるその他の制度についての情報を伝え、改めて本人の希望をきく。 ・仕事への影響、引継ぎ等を考慮して今後の働き方について上司が検討し、本人の了解を得る。
繁忙期に長めの休暇を取りたいと告げられた	・有給休暇の取得は労働者の当然の権利なので、有給取得の意思を尊重し、引継ぎや代替労働力の手配など、できるだけ仕事の調整をする。 ・それでも特殊な事情などで調整がつかないときは、日程の再調整や期間の短縮などを依頼することも検討し、よく本人と話し合う。

3　タイム・マネジメント

☑人間には、誰にでも平等に24時間が与えられているが、時間の使い方は人それぞれであり、1分1秒を主体的に生きている人もいれば、いつも時間に追われる生活をしている人もいる。そこで、長時間労働を解消し、プライベートな時間を有効に活用するために、タイム・マネジメントのスキルを身につけることが重要である。

☑タイム・マネジメントを上手に行うことで、仕事の生産性が上がり、プライベートの時間も充実させることができる。主体的に時間を使うためには、次のことを心がける。

1日、1月、1年ごとのやるべきこと（タスク）を洗い出し、優先順位をつける

●毎日行っていること、1月ごとに行っていること、1年ごとに行っていることを洗い出し、優先順位をつけて、「必ず実行すること」「余裕があれば実行すること」「やめてもよいこと」に区分する。

●「やめてもよいこと」を思い切ってやめてしまうことで時間に余裕ができ、「必ず実行すること」に気持ちを集中することができる。

他の人に任せる

●仕事を全部自分でやろうとすると、いつまでたっても仕事は終わらず、集中力がとぎれて仕事の質が低下したり、ミスをする危険性が大きくなったりする。他の人に任せられる仕事は思い切って任せてしまうことで、仕事のノウハウが共有され、組織全体の能力が高まるという効果も期待できる。

● 1日の仕事の計画を立てるとき、午前中か午後か、○〜○時、という大きな時間単位で考えるのでなく、何をやるかというタスクで考える。その間で生じる5分、10分といった隙間時間を合わせると数時間になることもあるので、その時間を有効に活用する。

● 有効活用といっても、必ずしも仕事にあてる必要はなく、「軽い運動をする」「メールをチェックする」「本を読む」「瞑想する」などに充てることもできる。あとで、「あの時間は何をしていたかな？」と思い出せないことがないよう、意識的に時間を使うようにすることが大切である。

4 職場のメンタルヘルス

☑職場ではいろいろな人が働いており、中には、従業員のメンタルが不調になってしまうこともある。その要因の一つがストレスであり、過度のストレスは次のような反応を引き起こすことがある。

心理面	不安、気分の落ち込み、興味・関心の低下、イライラ、意欲の低下、集中力の低下
身体面	寝つきが悪くなる、夜中に目が覚める、疲労感、頭痛・肩こり・腰痛、目の疲れ、めまい・動悸、腹痛、食欲低下、便秘・下痢
行動面	飲酒量の増加、喫煙量の増加、食欲亢進、ひきこもり、欠勤・遅刻の増加、仕事上のミスの増加

☑職場のメンタルヘルスケアを実践するためには、次の「4つのケア」が継続的・計画的に行われることが重要である。

セルフケア	従業員が自分のストレス状態に気づき、適切に対処するための知識や方法を習得し、自分自身でケアすること
ラインケア	管理職が部下の心の健康をケアすること

事業場内産業保健ス タッフ等によるケア	産業医や保健師等のスタッフが職場全体に対して支援 してケアすること
事業場外資源による ケア	専門家や専門機関等の外部機関から支援を受けてケア すること

☑セルフケアにおいては、ストレスと上手につきあうために、次のようなストレス対処法をためしてみることが有効である。

セルフケアのポイント

● 1人で抱え込まず、身近な家族や友人、同僚に、不安や悩み、ストレスを感じていることを話してみる。誰かに話すことで気持ちが楽になり、頭の中を整理することができる。相談窓口を用意している職場もあるので、公的な機関の相談窓口とあわせて確認してみる。

● ストレスは気づかないうちに蓄積していく。疲れ果ててしまう前に「3つのR」で適度な休みをとり、早めに対処することが重要である。

Rest	休息、休養、睡眠
Recreation	運動、旅行、趣味・娯楽、気晴らし
Relax	ストレッチ、瞑想、リラクゼーション

● メンタル不調に陥らないためには、健康的な生活習慣を続けることも重要である。

☑不調になる原因はストレスのほかにさまざまなものがあるが、長時間労働で過労状態になっている場合や、強度の心理的負荷がかかるできごとを経験した場合、人間関係で悩んでいる場合などは、メンタルが不調になりやすい。

☑メンタルが不調になると、体調を崩したり、いつもと違う言動をしたりすることにつながり、仕事に支障をきたしてしまう場合がある。職場の中で従業員がメンタル不調になった場合、管理職は、一人ひとりの状況にあわせて適切に対処することが必要である。

●管理職の対応のうちで最も重要なことは、「いつもと違う」所属員の様子に早く気づくことである。ちょっとした違いに気づくためには、日ごろから所属員に興味と感心をもって接し、いつもの行動様式やコミュニケーションのくせなどについて知っておくことが必要である。

「いつもと違う」── 所属員の変化の例
- 遅刻、早退、欠勤が増える
- 無断欠勤する
- 残業や休日出勤が極端に増える
- 仕事の能率が悪くなる、思考力・判断力が低下する
- 業務の結果がなかなか出てこない
- 報告や相談、職場での会話がなくなる、または逆に増える
- 表情に活気がなく、動作にも元気がなくなる、または逆に極端に明るくなる
- 不自然な言動が目立つ
- ミスや事故が目立つ
- 服装が乱れたり、衣服が不潔になったりする

「いつもと違う」所属員の話をきく

●「いつもと違う」所属員は、背後に病気が隠れている可能性があるため、まず、管理職はその所属員と直接話をすることが必要である。

●管理職は病気の専門家ではなく、病気に関する判断はできないので、あくまでも、「いつもと違う」状況についてきくようにする。

●初回の面談は5〜10分程度とし、一度に多くのことを聞き出さず、「がんばれ」などの声かけはせず、相手を追い詰めないように注意する。

【例】

「今まで、毎日きちんと出社していたのに、先月は 5 日休んで、今月もすでに 3 日休んでますね。何かあったんですか」

「今まで、同僚とスムーズにコミュニケーションしていたのに、最近はほとんど会話してないようですね。どうしたんですか」

●やりとりのなかで、「最近いらいらしている」「あまり眠れない」のように、メンタル不調に関して本人が自覚していることがわかったときは、産業医（社内に産業医がいる場合）や精神科医への受診を勧める。

●「いつもと違う」ことに関して、とくに要因が見当たらず、本人も自分の病状に気づいていない場合は、家族へ連絡することも検討する。

所属員からの相談を受ける

●悩みや困ったことに関して、所属員のほうから相談してもらえるような環境を整えておくことが重要である。そのためには、第 5 章で学んだホスピタリティ・コミュニケーションに必要なスキルを用いて、日ごろから積極的傾聴を心がける。

職場復帰の支援をする

●長期の休暇をとっていた所属員が職場に復帰したときは、「うまく適応できるだろうか」「また病気が再発するのではないか」といった不安を抱えているものである。そのような所属員の気持ちに配慮して、状況をみながら仕事の量や質を調整する。

●特別な事情がない限り、できるだけ慣れている元の職場に復帰させることが望ましい。

ホームズとレイのストレス度表・勤労者のストレス指数

　「ホームズとレイのストレス度表」とは、米国の社会学者ホームズと内科医レイが1967年に発表したストレス要因に関する調査結果である。

　5,000人の患者に対して、過去10年間にわたるライフイベントについて、個人が感じるストレスの程度を0〜100点で自己評価してもらい（「結婚」を50点として）、項目ごとの数値を平均して算出している。1年間の合計点数が300点を超えた人のうち、79％が翌年に何らかの身体疾患を訴えたそうで、ストレスの蓄積と身体疾患の頻度は比例することが明確になった。さらに、精神科医の夏目誠氏などが、日本的に改変した「勤労者のストレス指数」を公表している。

　プライベートで次のような経験をした人に対しては、注意深く見守る姿勢が必要である。

勤労者のストレス指数

	ライフイベント	ストレス指数
1	配偶者の死	83
2	会社の倒産	74
3	親族の死	73
4	離婚	72
5	夫婦の別居	67
6	会社を変わる	64
7	自分の病気やケガ	62
8	多忙による心身の疲労	62
9	300万円以上の借金	61
10	仕事上のミス	61

第 2 節

チーム活動とホスピタリティ

1　ピラミッド型の組織から「チーム」へ

☑2019年のラグビー・ワールドカップにおける日本チームを象徴する言葉として話題になった「ワン・チーム」は、「チーム全員が一つになって戦う」という意味を表しており、この「チーム」という考え方は、そのままビジネスの世界にもあてはまる。

☑従来の日本型組織は、一般的に、部長→課長→主任→平社員という指揮・命令系統のもとで仕事を行ってきた。ところが、ビジネス環境が複雑になり、さまざまな要因で状況が頻繁に変化するようになると、この、階層が何段にも分かれた指揮・命令系統がうまく機能しなくなり、もっと機動的に動ける仕事の単位が必要となってきた。そこで注目されるようになってきたのが「チーム」である。

☑チームによる仕事の仕方は、「チームに属するメンバー全員が、共通の理念のもと、自分の役割を果たしながら、一つの目標を達成する」というものである。「カリスマ的なリーダーがすべての指示を出し、部下は言われたとおりに仕事をする」組織や、「中心的なエース社員が一人で仕事をして、他はそのサブ的な役割を果たす」組織と異なり、とくに誰かから命令されたわけでもなく、メンバー一人ひとりが自発的に自分の役割を果たすという組織が「チーム」であ

る。
- ☑ このチームを上手に運営していくために必要なスキルが、<u>ファシリテーション・スキル</u>である。

2 　ファシリテーション

- ☑ ファシリテーションは、「<u>人々の活動が容易にできるよう支援し、うまくことが運ぶよう舵取りすること</u>」と定義されている（特定非営利活動法人日本ファシリテーション協会による）。そして、その役割を担う人を<u>ファシリテーター</u>という。
- ☑ ファシリテーターは、会議における司会進行役としてスムーズに議事進行する人、という意味で使われることもある。一般的に次のような会議は問題が多い会議であるとされている。

- ・事務局や発表者から報告を聞くだけの会議
- ・偉い人が自分の意見を一方的に話すだけの会議
- ・誰かが意見をいうと、すぐに「それはうまくいかない」「こういう問題がある」と批判され、誰も意見を言わなくなる会議
- ・いろいろ意見は出ても、それで終わりになって結論を出さない会議
- ・予定の時間を過ぎても、結論が出ずに延々と続く会議

- ☑ 有能なファシリテーターのもとでは、このような会議の問題点が解決され、「さまざまなバックグラウンドをもつメンバーが一堂に会し、お互いが遠慮することなく創造的なディスカッションをして、一定時間内に皆が納得して合意形成する」という理想的な会議が可能となる。
- ☑ ファシリテーションの応用分野は円滑な会議運営だけではない。

ファシリテーション・スキルを身につけることで、さまざまな社内プロジェクト（新規事業プロジェクト、商品開発プロジェクト、システム開発プロジェクト、働き方改革プロジェクト……）を効率的・効果的に進めることができたり、顧客と一体となって事業を協業したり等、複数の人の意見やアイデアが飛び交う仕事において、非常に重要な役割を果たすことができる。

☑「一人ひとりの意見を引き出し、そこからふさわしい結論を導き出す」というファシリテーションには、ホスピタリティと共通点がある。ホスピタリティは、一人の相手に対して発揮するものと考えられるが、この対象が複数になったものがファシリテーションであるといえる。相手が一人ならば、その人のために最大限の配慮をすればこと足りるが、複数の人が相手の場合、誰もが納得するように意見を調整しなければならない。つまりファシリテーションは、ホスピタリティの実践に、チームの全体最適※な結論を導き出すという機能が加わったもの、と考えることができる。

3　ファシリテーション・スキル

☑ファシリテーション・スキルには大きく分けて次の4種類がある（一般的な話し合いを例に）。

場のデザインのスキル —— 場をつくり、つなげる

● 話し合いの目的やゴール、参加者、議論の方法など、段取りや進め方について参加者に提案して目標を共有してもらい、話し合いに対するモチベーションを高める。

※　全体最適：組織全体として最大の効果をあげることができる状態（⇔部分最適）

●話し合いの時間や参加者同士の関係性についても考え、話し合いが
　しやすい場を用意する。

●「互いの意見を批判しない」「時間厳守」といったルールをあらかじ
　め決めておき、タイムキーパーと書記の役割を誰かに依頼しておく
　ことも、話し合いをスムーズに進めるために有効である。

●WEB会議の場合は、発言者以外は「ミュート」にする、発言する
　ときは手をあげて名乗ってから発言する、といったルールを事前に
　伝えておく。議題や資料も事前に共有しておく。

対人関係のスキル —— 受け止め、引き出す

●実際の話し合いの場では、できるだけ多くの意見や考えを出し合い、
　参加者の理解と共感を深めながらアイデアを広げていく。もれなく
　出し尽くすことで、結論へ導くにあたっての参加者の納得感を高め
　ることができる。

●このとき、ファシリテーターは、ホスピタリティ・コミュニケー
　ションのスキルを駆使して、参加者の意見を受け止め、発言を促し、
　表面的な言葉だけでなく、その裏にある思いまで引き出していく。
　また、「互いの意見を批判しない」といったルールを守るよう、話
　し合いをリードしていく。

●WEB会議においては、発言の少ない人などに積極的に話を振って
　いく。また、話題が横にずれたり、堂々巡り状態になったりしたと
　きは、タイミングよく介入し、交通整理する。

構造化のスキル —— かみ合わせ、整理する

●タイミングを見計らって、個々の意見をわかりやすく整理し、質問
　や問いかけをしながら、議論をかみ合わせていく。

●その際、ファシリテーションのためのフレームワーク（問題解決や

意思決定を行いやすくするためのツール）等を活用して、議論の内容を「見える化」していくと、構造の理解に役立ち、結論へ向けた道筋がみえやすくなる。
●WEB会議においては、資料の共有やホワイトボード機能などを活用し、発表された意見が適宜確認できるようにしておく。

合意形成のスキル ── まとめて、分かち合う

●話し合いの時間の終わりが近づき、結論の方向性が絞られてきたら、最適な選択肢を選んでいく。その場合、意見が対立することを想定して、あらかじめ決め方について合意を得ておくと、スムーズに合意形成することができる。
●安易に多数決によって決めてしまうと、それまでの議論が活かされず、参加者の納得感が得られない場合がある。
●話し合い後は必ず議事録を作成し、結果を参加者全員で共有する。

さまざまな情報やアイデアについて、その構造を明確にし、結論を導き出す助けとなる各種のフレームワークを、目的に応じて上手に活用する。

○ロジックツリー
問題をツリー状に分析し、表現する方法。

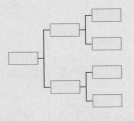

○ペイオフマトリックス
効果と実現性（コスト）の2つの軸で、アイデアを評価していく方法。一般的に効果の評価が高く、実現性の高い（コストが低い）アイデアを選択する。

効果（高）

実現性（低）　　実現性（高）

効果（低）

○親和図・KJ法
課題についての事実や意見、アイデアなどを1項目ずつカードに記入していき、類似の内容をグルーピングして項目としてまとめ、各項目の因果関係等の構造を明らかにしていく方法。フセンを使用して壁などに貼りながら作業していくのも有効。

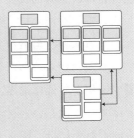

育成・指導とホスピタリティ

1　育成・指導におけるホスピタリティの重要性

☑企業の中では、たくさんの人が企業の目的を達成するために働いている。高度成長の時代には、勤勉で協調性のある同質的な人材が求められる傾向にあったが、長く続いた低成長時代を経て、グローバル化やIT化が進んだ現在は、所属員に求められる仕事の質が変わってきており、それに応じて人材育成の方向性も変わってきた。

☑現在は、世界的に先のみえない環境のなか、企業自体の未来を切り開いていくために、<u>自ら考えることができる人材</u>、<u>積極的にチャレンジする人材</u>、<u>自分自身で自立しながら多様な価値観の中で動いていける人材</u>が求められるようになってきている。

☑少子化が急速に進み、人手不足が慢性化している現在は、募集すればすぐに欲しい人材が集まるという状況ではない。企業を運営していくためには、限られた人数のなかで、今いる人たちを、<u>企業に貢献できる「人財」</u>へと育成していかなければならない。その際に、ポイントとなるのがホスピタリティである。

☑第 3 章でみたように、人間にはさまざまなタイプがある。十人十色の所属員に同じ伝え方をしても、同じように情報や意図が伝わるとは限らない。その所属員の考え方や行動に影響を与えることは、な

おさら難しいといえる。そこで、ホスピタリティの考え方をもとに、所属員一人ひとりのタイプや、企業の中での現在の状況（職務、能力、評価など）、その所属員に目指してほしいゴールなどに応じて、ふさわしい育成・指導を実践していくことが必要となる。

☑育成・指導の対象となる所属員一人ひとりの仕事ぶりや態度、表情などを観察して、良い点、改善すべき点などを見極め、どんな指導方法で育成・指導していけばよいか判断し、実際に相手にきちんと伝わるように育成・指導していく。育成・指導においては、本気で育成・指導しようとする指導者側のあきらめない強い気持ちと、それを実行するための具体的な育成・指導スキルが必要となる。

2　育成・指導方法の種類

☑育成・指導の方法には、いつ、どんなシチュエーションで行うかによって、次の4種類がある。それぞれ、期待できる効果と、かかる手間やコストが異なるので、全体的な所属員の教育計画にもとづいて、適切な方法を使い分けることが必要である。

育成・指導の4つの方法

種類	内容	例
OJT (On the Job Training)	直属の上司や先輩・同僚が、仕事を通じて教育すること	指示、報告、相談、同行、代行、など
Off-JT (Off the Job Training)	日常の仕事や職場から離れ、職能や階層別のスキルアップ、異質な体験などの機会を与えること	社内研修、社外研修、セミナー、展示会、など

SD　自己啓発 (Self-Develop- ment)	自分自身の意思で、業務上 や業務外に関する学習機会 をもつこと	通信教育、セミナー、異業 種勉強会、資格取得、読書、 など
機会教育	OJTやOff-JTではできな い制度的な成長機会を与え ること	人事異動、プロジェクト抜 擢、社内留学、海外派遣、 出向、など

3　OJTにおける育成・指導方法の種類

☑部下や後輩をOJTで指導する場合は、育成・指導の目的や、育成・
指導する対象者の特性に応じて、次の7つの方法を使い分ける。

OJTの7つの方法

種類	内容
指示	具体的な仕事のやり方を示して、相手に実行させること
ティーチング (Teaching)	教える側がもっているノウハウや知識について、言葉で 説明したり、実際にやってみせることで、相手に具体的 に教えること
トレーニング (Training)	学んだことを相手が実際にできるようになるまで、反復 して訓練させること
モデリング (Modeling)	目標とする人の考え方や行動、習慣などを観察させ、そ れを手本（モデル）として実行させること

コーチング （Coaching）	課題の答えはすでに相手の中にあることを前提として、質問を中心としたコミュニケーションを通じて、相手が自ら答えを導き出せるように支援すること
メンタリング （Mentoring）	指導者（メンター）が、指示や命令ではなく助言と対話による気づきで、対象者（メンティー）本人の自発的で自立的、自律的な成長を促すこと
カウンセリング （Counseling）	相手が抱える問題や悩みなどに対して、1対1の対話を通して言葉におきかえ、解決方法を自ら見つけ出していくように支援すること

4 コーチングの進め方

☑上記の育成・指導方法のうち、コーチングは、相手がある程度経験を積んでいるものの、結果が出せなかったり、トラブルを抱えていたりする場合に有効な育成方法である。相手の話をしっかりときいて共感を示し、適切な質問を交えながら、相手の答えを導き出していくことで、相手は自分自身で解決策を見つけ出すことができるようになる。

コーチングのステップ

①質問

　相手の答えを引き出すためにオープン・クエスチョンとクローズド・クエスチョンの両方を組み合わせて質問していく。現状や問題点だけでなく、よいところに気づかせる効果もある。

【例】

・「（うまくいかなかったのは）何が原因だと思う？」

・「まずは、AとBのどちらを先にしたほうが良いと思う？」

②傾聴

　相手の言葉だけでなく、声の調子、話し方、表情・しぐさなどの情報すべてに耳と心の両方を傾けてきく。うなずきやあいづち、繰り返し（エコー）などを交えてきくことで、より相手が話しやすくなり、理解・共感が高まる。相手の話をきくことに徹し、こちらから話し始めないようにする。

③承認

　対話を通して相手のよい点を発見し、相手が解決策を導き出したときなどは、具体的に認めてほめることが重要である。

【例】

　「よく気づいたね。それをやることで、もっとお客さまの理解が深まると思うよ」

④提案

　承認するなかで、その内容を実行するヒントを提案する。この過程を繰り返すことで、さらに相手の成長を促すことができる。

【例】

　「今回は、すごくがんばったね。ただ、○○のところは、〜すればもっとわかりやすくなると思うんだけど、どう思う？」

報告・連絡・相談

1　報告・連絡・相談におけるホスピタリティの重要性

☑良いことも悪いことも含めて、企業内で情報が風通しよく流通することは、ビジネスにおいて非常に重要である。セキュリティや職制上の関係で、限られた人しか触れることができない情報もあるが、企業の内外で何が起こっているのかという情報の流通が滞ると、さまざまな弊害が出てくる。

☑最近の企業不祥事の多くは、経営トップまで悪い情報が上がっていなかったことが原因となっていることが多い。企業内の情報流通をスムーズにするために基本となるスキルが報告・連絡・相談、いわゆるホウ・レン・ソウである。

☑報告・連絡・相談は、人と人とのコミュニケーションによって行われるものである以上、相手に配慮するというホスピタリティが不可欠である。相手が理解できる言葉を選ぶことはもちろん、話すタイミングや話し方などについても配慮することが必要である。自分では話したつもりでも、相手にきちんと伝わっていなかったら話したことにはならない。それどころか、相手が間違った解釈をしていた場合には、重大なトラブルに発展してしまう可能性もある。

☑ビジネスの基本である報告・連絡・相談は、そのスキルを身につけ

ておけば、親子や夫婦、友達同士のコミュニケーションなど、ビジネス以外でも大いに役立てることができる。

2　報告・連絡・相談の基本

☑報告・連絡・相談にあたっては、まず、<u>何のために行うのかという目的を明確にする</u>ことが重要である。

☑たとえば、「今日はどこへ行って、お客さまとどんな話をしたか」という日常業務の報告は、自分の仕事内容を上司に知ってもらい、適宜、指導やアドバイスをもらうためのものであり、とくに緊急で報告しなければならない事項がないかぎり、通常の業務日誌の提出や口頭報告などで済ませることができる。一方、「今日の訪問先の一つであるお客さまからこんな苦情を言われ、大変ご立腹である」という報告事項があった場合には、一刻も早く上司に報告し、どのように対応すればよいか指示を仰がなければならない。場合によっては、その日のうちに上司とともにお詫びに伺う必要があるかもしれない。

☑このように、何のために、その情報を報告・連絡・相談するのかによって、報告のタイミングや方法が違ってくるので、まず、報告・連絡・相談の目的を明確にすることが<u>重要である</u>。

☑目的が明確になったら、次は、<u>誰に報告・連絡・相談するのかについても明確にする</u>。ビジネスにおいては、報告・連絡・相談は直属の上司に対して行う他、職場や仕事によっては、いったん業務をとりまとめるリーダーに報告し、リーダーから上司に報告することも多い。また、いろいろなプロジェクトに重複して参加している場合は、そのプロジェクトごとに責任者に報告したうえで、他の関係者にも必要に応じて情報を共有するという方法をとることもある。

☑所属する組織の指揮・命令系統に従って、報告・連絡・相談する相手を明確にしたうえで、<u>報告・連絡・相談するタイミングや、どのコミュニケーション手段（口頭、文書、メールなど）を使用するか考える</u>ことが必要である。

☑報告・連絡・相談したいことの目的と相手を明確にしたうえで、それにふさわしい伝え方で相手に伝えることができれば、その言葉の表面的な意味だけでなく、なぜ、それを報告・連絡・相談しようと思ったか、という思いまで共有することができる。たとえば、「風通しがよく何でも言い合える職場にしたい」「お客さまのことを第一に考える仕事の進め方を共有したい」といった思いが伝わることで、よりいっそう意思疎通しやすい企業、働きやすい企業へと発展していくことができる。

3 報告のポイント

☑質の高い報告をするために、次のポイントに気をつけることが必要である。

５Ｗ３Ｈを明確にして相手に伝える

５Ｗ	３Ｈ
・When（いつ） ・Where（どこで） ・Who（誰が） ・What（何を） ・Why（どうして）	・How（どのように） ・How many（どのくらい） ・How much（いくらで）

【良い報告例1】 営業部のAさんからB部長への面談報告

本日の14時（When）にX商事（Where）を訪問し、人事部の鈴木部長（Who）と面談しました。その際、X商事では新システムを開発中であるため（Why）、その研修教材をWebで配信することを考えているとお聞きしました。一定の要件を備えたWeb配信システム（What）をできるだけ少ないコスト（How much）で導入したいそうです。ユーザー数は全国の社員約1,000名（How many）です。当社の他4社（コンペ方式）（How）に声をかけているそうで、提案締め切りは〇月〇日（When）です。

事実を正直に報告する

● 人は、マイナスの情報を報告しなかったり、叱責を恐れて自分のミスを隠したり、逆に自分を大きく見せるために成果を過大に報告したりする場合がある。報告の中に事実と異なることが混じると、報告を受けた側が状況を正しく把握することができず、間違った判断につながってしまう可能性がある。このようなことを防ぐために、事実を正直に報告することが必要である。

【良い報告例2】営業部のAさんの報告（報告例1の続き）

> じつは、私がX商事に到着する前に、競合であるZ社のバッジをつけ
> た人とすれちがいました。そのとき、笑いながら「ウチが勝ったよう
> なものですよ」と言っているのが聞こえました。たしかに、Z社の商
> 品はコストパフォーマンスも高いし、最近、新商品が出たばかりなの
> で、かなりZ社が有利かと思います。

事実と意見を区別する

● 報告の中で、自分の意見をあたかも事実であるかのように話す人が
　いる。たとえば、あるアイデアが、相手（お客さまなど）が言った
　ものなのか、それを聞いた報告者が思いついたものなのかを明確に
　しないまま報告してしまうと、報告を受けた人は、そのアイデアを
　相手の要望であると受け取ってしまう可能性がある。

● 報告の中では、それが、報告したい事実なのか、その事実にもとづ
　いた自分の意見なのかを明確に区分して伝えることが重要である。

【良い報告例 3】 営業部のAさんの報告（報告例 2 の続き）

当社の不利な部分を補うために、商品だけでなく、研修教材の制作についても<u>一緒に提案したらどうでしょうか（意見）</u>。それについて<u>鈴木部長は何もおしゃってなかった（事実）</u>のですが、X商事にとってのアウトソーシングのメリットと、当社のこの部門での実績をアピールすることで、Z社にも<u>十分対抗できると考えます(意見)</u>。いかがでしょう。

必要に応じて中間報告する

● 依頼や命令を受けたとき、依頼した側は「あの件はどうなったかな」と気にしているものである。依頼や命令を最後まで達成しないと報告できないと思いがちだが、期限前であっても、必要に応じて適宜状況を報告することが必要である。

● とくに、依頼・命令された内容に疑問があったり、うまくいかないことがある場合は、進捗状況を中間報告したうえで、疑問に思っている点、うまくいかないことについてあわせて報告する。追加の指示を仰ぐことで、仕事をスムーズに進めることができ、依頼した側も安心する。

4　連絡のポイント

☑連絡によって正確に相手に情報を伝えるために、次のポイントに気をつける。

情報や意図が正しく伝わっているか確認する

●世の中で起こる事故の要因はさまざまにからみ合っているが、その根底には人間が起こすヒューマンエラーの存在がある。ヒューマンエラーが起こる原因をつきつめていくと、そのうちの一つに連絡不足があることがわかる。複数の人が関与している仕事で連絡不足があると、大きな事故やトラブルにつながってしまう可能性がある。

●連絡不足には、そもそも連絡すべきことを連絡しなかった場合と、連絡したつもりだが相手に正しく伝わっていない場合がある。これらの連絡不足を防ぐには、きちんと情報が伝わっているか、相手に確認することが必要である。とくに重要な事項については、復唱したり、別の連絡手段（電話、メール、FAXなど）と組み合わせたり、期日近くに確認の電話やメールを入れたりすることで、確実に相手に伝わっているか確認する。

良くない情報ほど早く連絡する

●誰しも、良くない情報を人に伝えたくないため、悪い情報の連絡は後回しにしがちである。しかしながら、後回しにしたことによって、別のルートで話が伝わったり、可能な対策の幅が狭くなったり、連絡が遅いことでさらに批判を浴びたりすることがあり、ますます悪い状況に陥ってしまう。悪い情報ほど後回しにせず、指揮・命令系統に従って早く連絡することが重要である。

複数の連絡手段を使う

● 最近は、なんでもメールやSNSで連絡してしまう傾向があるが、メールだと、いつ相手が読んだのか送信した側からはわからない。緊急の場合や、確実に相手に伝えたいことがある場合など、複数の連絡手段を組み合わせることが有効である。

● いったん電話（相手が近くにいるときは口頭）で連絡事項の要旨を伝え、メールで詳細事項を連絡する、というように、複数の連絡手段を組み合わせることで、確実に相手に情報を伝え、情報共有したことを確認することができる。

事実だけでなく、背景や意義をあわせて伝える

● 仕事の指示や依頼の連絡を行う場合は、ただ「○○してください」と依頼事項だけを伝えるのではなく、どうしてその仕事を依頼するのかという背景や、それによってどのような効果が期待できるのかといった意義についても伝えるようにする。それにより、依頼された側のモチベーションが高まり、より質の高い仕事につながったり、仕事のスピードが速くなったりすることが期待できる。

5　相談のポイント

☑誰かに相談にのってもらう場合は、次のポイントに気をつけることが必要である。

相談する相手の状況に配慮する

●「この人に相談したい」と思ったら、相手に気持ちよく相談にのってもらえるよう、相手の状況に配慮して、タイミングや話し方に気をつける。相手が忙しそうにしているときに話しかけると、煩わし

く思われる場合がある。また、期限がある仕事について相談を持ち
かける場合は、時間切れにならないよう、余裕をもって相談する。

要点を整理して話す

- 現在どのようなことに困っているのか、なぜその相談をしたいと
  思ったのか、自分ではどうしたいと思っているのか、といった要点
  を明確にしたうえで、相手が理解しやすい順番で話す。最初にどれ
  ぐらいの時間をとってもらえるのか相手に確認し、それにあわせて
  話の内容を整理する。
- 困っていることだけを延々と話し続けて何をしてほしいのかわから
  なかったり、「こうしたい」という結論が先走って背景がよくわか
  らなかったり、何かアドバイスしても「でも」「だって」と反論ば
  かりしたり、ということがないよう、相談にのってもらっているこ
  とを感謝したうえで、相手の時間をムダにしないような配慮が必要
  である。

相談したら結果を報告する

- 相談した後に何も報告がないと、相談にのってもらった相手は、う
  まくいったのか、いかなかったのか不安になる。貴重な時間を割い
  てもらった以上、結果についてきちんと報告したうえで、改めてお
  礼の気持ちを伝えることが必要である。

第 5 節

お客さま対応とホスピタリティ

1　お客さま対応におけるホスピタリティの重要性

☑第１章でみたように、ホスピタリティの考え方は、旅行業界（旅行・観光）、宿泊業界（ホテル・旅館）、医療業界が中心となって広まってきた。しかしながら現在では、その業界だけに限らず、お客さま対応が必要なすべての業種でホスピタリティが不可欠な要素となってきている。

☑さまざまな要因で事業をとりまく環境が不安定になってきている現在、個々のお客さまに対してどれだけホスピタリティを実践できるかが、事業成功のポイントになってきている。お客さまが期待する以上のホスピタリティを実践できる企業は、お客さまが感動し、リピートをよび、顧客生涯価値（顧客が生涯を通じて企業にもたらす利益。商品やサービスに対する顧客の愛着が強いほど、顧客生涯価値は大きくなる）の最大化につなげていくことができる。

☑これまでみてきたホスピタリティ実践事例は、あくまでも現時点のものである。世界で刻一刻と起こっているできごとによって、また、新たな対応が必要になることもある。どのような状況においてもホスピタリティを実践できるようにするためには、個々のお客さまの事情や感情だけでなく、世の中の流れについても敏感であることが

必要である。

2　ワンランク上のお客さま対応

☑第1章で、ホスピタリティは企業活動におけるCSの発展形である
と学んだ。お客さまが感動し、長くお客さまであり続けてもらうた
めには、次のようなサービスレベルを目指すことが必要である。

精神的サービスー目配り、気配り、心配り
●相手の状況に応じて、目配り、気配り、心配りして対応する。

精神的サービスを実践する言葉づかいの例

相手の状況	精神的サービスを実践する言葉づかい
家族の病気・ケガに関してお客さまが来店し、手続きをした。	「ご心配ですね、お気をつけてお帰りください」
本人の病気・ケガに関してお客さまが来店し、手続きをした。	「どうぞお大事になさってください」
金融機関窓口で、新札に両替したお客さまが嬉しそうなお顔だった。	「お祝いごとですか？」と質問した。
窓口で手続きのために座ったお客さまが、杖を手に持ったままだった。	「もしよろしければ、杖をこちらにお立てかけください」
商品パンフレットを使った説明を、お客さまが首をかしげながら聞いていた。	「ここまでの説明で不明なことはございますか？」 資料の中の専門用語は、言い換えながら説明する。

雨天に来店されたお客さまの服やカバンが濡れていた。	「雨のなかお越しいただきありがとうございます。よろしければタオルをお使いください」と、タオルを差し出しながら声をかけた。
暑いなか、お客さまが来店し、ハンカチで汗をぬぐっている。	「お暑いなかありがとうございます。冷たいお茶はいかがですか?」
商品や手続きの説明をしようと思ったが、お客さまがチラチラと時計をみている。	「お急ぎのところ申し訳ございません。2～3分お時間をいただいてもよろしいでしょうか?」

充実したコンサルティングー相談力、提案力

● プロとして、相手からの相談に対して誠心誠意対応し、場合によっては相手が気づいていないことや期待以上のことを提案する。

充実したコンサルティングサービスを実践する言葉づかいの例

相手の状況	充実したコンサルティングサービスを実践する言葉づかい
どの商品をどのような観点で選べばよいか、お客さまがしっかりと理解していない。	「お客さまのご意向に添ったご提案をしたいと思います。ご一緒に考えてまいりましょう」
	「誠心誠意担当させていただきます」
お客さまの希望をお聞きしたが、最適な提案のためには情報が足りない。	「もしよろしければ、〇〇についてもう少し詳しくお話を伺ってもよろしいでしょうか」

お客さまが困っている状況だけを聞いたが、お客さまに解決法に関する明確な知識や要望が不足している。	「それはお困りですね。その場合は〜という対策がございます」
	「いまお伺いした点を解決するには、〇〇という方法がございます」
	「お客さまのお話を伺いますと、AよりBのほうが良いと思います。なぜならば〜」
提案に対して、お客さまが納得していない。	「ご懸念されている点をお聞かせください」
お客さまに説明・提案したあとにお客さまの理解度を確認する。	「ここまでの説明でご不明な点やご質問はございませんか。何なりとお尋ねください」

●相手の喜怒哀楽といった感情に共感したうえで、相手の状況にあわせて対応する。相手のさまざまな感情をいったん受け止め、共感の気持ちを言葉で表す。その際、アイコンタクトしながら、口ごもらずに心をこめて言う。相手を名前でよぶのも有効である。

情緒的サービスを実践する言葉づかいの例

相手の感情	情緒的サービスを実践する言葉づかい（共感の言葉）
喜び	嬉しいですね／素晴らしいですね／ほんとうに良かったですね／おめでとうございます／うらやましいかぎりです／〇〇さんが喜んでいらっしゃると、私も嬉しいです／お話を伺って、私も感動しました／今までのご苦労（ご努力）が報われましたね

怒り	それは不快な思いをされましたね／お怒りになるのもごもっともです／それは理不尽ですね／それはご納得できないですよね／同業の私も耳が痛いです／お話を伺うだけで、怒りを覚えます
悲しみ・哀しみ	お辛いですね／それはショックですね／それは悔しいですね／胸を締め付けられるようなお話です／お話を伺うだけで、胸が張り裂けそうです
楽しみ	それは楽しみですね／面白いですね／ワクワクしますね／気持ちが良いですね／胸が高鳴りますね／お話を伺うだけで、楽しいご様子が目に浮かびます
嫌悪	そのようなことがあると、お嫌いになってしまいますよね／その対応はひどいですね／それは嫌になるのもごもっともと思います／私も〇〇が苦手なので、お気持ちわかります
驚き	それはさぞ驚かれたことでしょうね／びっくりしますね／それは想像できませんよね／そんなことがあるんですね／そこまでしていただいたのですね／なかなかないと思います
恐れ	それはご不安ですね／それは苦しいですよね／それは怖かったことでしょうね／お話を聞くだけで、大変な恐怖を感じました／私も怖いと思いました

クレーム対応とホスピタリティ

1 クレームとは

☑ クレームは、お客さまが、自社の商品やサービスに対して事前に期待していた内容より下回る経験をし、不満を感じたときに発生する。誰しも、クレームは起こらないほうがよいと考えるが、「クレームがない」＝「商品・サービスに満足」ではない。そもそも期待していない場合は、不満足であってもクレームに発展することはない。

☑ また、不満足なことがあっても、クレームを表に出さないまま、次からその商品・サービスを利用しなくなる場合もあり、このような人を<u>サイレントクレーマー</u>という。実際にクレームを言う人よりも、このサイレントクレーマーのほうが圧倒的に数が多い。サイレントクレーマーは、自分が使わないだけでなく、他の人にも悪い評判を伝えることがあり、SNSが主流となった現在、さらにその影響は大きくなっている。その意味では、クレームを言う人は、お客さまが不満に思うことをわざわざ教えてくれる、じつにありがたい存在であるといえる。

☑ クレームの原因にはいろいろなものがある。商品そのものや価格に関するものもあれば、手続きに関するものもある。しかしながら、多くの原因に「人」が関わっており、クレーム対応の過程でさらに

クレームを大きくしてしまうのも「人」である。「人」が関わるクレームの原因には、次のようなものがある。

> ・マナーが悪い：態度や言葉づかいなどが不適切
> ・商品知識や業務知識が不足している：質問してもきちんと答えられない
> ・説明力の不足：説明がわかりにくい
> ・傾聴力の不足：自分の話をちゃんと聞いてくれない
> ・約束を守らない：時間を守らない、折り返しの連絡をくれない

☑クレームの内容には3段階ある。クレームや苦情だけでなく、お褒めの言葉などのお客さまからのご意見・ご感想も含め、すべてが「お客さまの声」ととらえることができる。

☑クレーム対応においては、個々のクレームや苦情に適切に対応するとともに、今後のサービス改善や商品開発といった事業全般に活かしていくことが必要である。

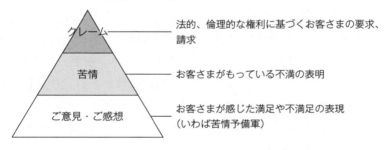

クレーム	法的、倫理的な権利に基づくお客さまの要求、請求
苦情	お客さまがもっている不満の表明
ご意見・ご感想	お客さまが感じた満足や不満足の表現（いわば苦情予備軍）

2　クレーム対応の流れ

真摯な対応・姿勢の明示	迷惑をかけたことをていねいにお詫びする。クレームの内容に関するお詫びではなく、不快にさせたこと、心配をかけたことに対してお詫びする。
	お客さまのクレームの内容を聞く。相手が話し終わるまで、さえぎらずに聞き、聞いたことについては、必ずメモをとる。

事象・心情の把握	正確に、詳しく、事実を把握する。質問を交えながら5W3H（5W3Hについてp.211参照）を明確にし、適宜、共感の言葉を交えて要約、確認をしていく。来店の場合は、いったん席でお待ちいただき、電話の場合は、折り返しこちらから電話すると伝える。
	関係者にクレームの事実関係を確認し、原因を調査・分析する。
	解決策について、上司と相談して検討する。

解決策の実行	解決策をお客さまにわかりやすく説明し、お客さまの同意を得る。
	迅速に解決策を実行する。
	実行した内容をお客さまに報告する。実行するまでに時間がかかる場合は、途中で経過報告する。
	最終謝罪をし、今後の対応を再確認する。

再発防止	経過を社内で共有し、再発防止に努める。

☑一般的に、お客さまからクレームを受けたときは、前頁の流れで対応していく。お客さまとのやりとりにあたっては、お客さまの状況や感情に配慮し、ホスピタリティ・マナーやホスピタリティ・コミュニケーションを実践しながら進めていく。

☑自分だけで解決できない場合は、お客さまから詳細を聞いた段階で、上司に対応を引き継ぐ。その際、自分の考えや憶測を加えず、内容を正確に報告することが重要である。

3　クレーム対応のポイント

☑クレーム対応にあたっては、次のポイントに気をつけながら対応する。

お客さまの怒りには、三変法を活用する

●相手の感情を静めるために、人・時・場所を変えてみる。自分より上の権限をもつ人物に変わることで相手に敬意を示し、時間をおくことでクールダウンする時間を確保することができる。また、応接室や事務室に移動したり、相手の自宅への訪問に切り替えたりすることで、お客さまの状況を変えることができる。

まずは不快にさせたことを「お詫び」する

●最初はお客さまが怒っている状態なので、まずはその心情を受け止める言葉を伝えたうえで、そのような感情にさせたことに対して「お詫び」する。

●よく、「謝ると責任があることを認めたことになるので、事実関係が明確になるまでは絶対に謝ってはいけない」といわれることがあるが、謝罪とお詫びは異なる。相手の気持ちに共感するための「お

詫び」は、会社としてクレーム内容を認めることとは別物である。

スピーディに対応する

●お客さまからクレームを言われても、すぐに対応しなければ、「本気で解決するつもりがないのでは」と誠意を疑われる。できるだけ早く解決できるよう、場合によっては責任者が中心となって対応する姿勢が必要である。

嘘や隠ぺいを排除して、正確に事実確認する

●クレームを言われたときは、関係者に事実を正確に報告するように求め、冷静に事実確認することが必要である。犯人さがしが目的ではなく、問題解決のために不可欠であるという認識で情報を集める。嘘や隠ぺいは、問題をさらに大きくしてしまう。また、クレームを言われたお客さまに対しては、経緯について、きちんとわかりやすく説明することが必要である。

クレーム対応の最後は改めてのお詫びとお礼の言葉で締める

●解決策を実行した後は、改めてご迷惑をかけたことに対するお詫びの言葉を言い、貴重な意見をいただいたことや解決策を了承してくれたことに対してお礼を述べる。さらに、今後の再発防止に役立てることを伝える。結果的に相手の要望に添えなかった場合は、「この度は、ご期待に添えず申し訳ありませんでした」とお詫びの気持ちを伝えることも必要である。

「やってはいけないこと」に注意する

●クレーム対応においては、「これだけはやってはいけない」というタブーがあり、このタブーをおかすと、問題が解決できないだけで

なく、別の問題に発展してしまうことがある。

クレーム対応でやってはいけないことの例
- 感情的になって、相手に反論・議論する
- 理屈や建前を並べて、事務的に対応する
- 相手が話している途中でさえぎる
- 自分たちの都合ではねつける
- その場しのぎにごまかして、結局何もしない
- 勘違いや間違った使い方など、相手の責任を追及する
- 話をきくだけで、今後の対応や解決について何も示さない

電話でクレームや問い合わせを受けたときは、次のことにも留意する

●担当者間をたらい回しにして、長時間待たせたり、何度も説明させたりしないようにする。

●長時間保留のまま待たせないようにする。待たされる時間は通常より長く感じるため、時間がかかるときは、保留を解除して、折り返しこちらから連絡するようにする。

●一度の電話で相手が用件をすませることができるよう、日ごろから商品や業務について勉強し、できるだけ自分で説明できるようにしておく。

4　クレーム対応の言葉づかい

☑クレーム対応においてよく使う言葉づかいを身につけておき、相手の状況に応じて、ふさわしい言葉を使えるようにしておくことが望ましい。

あいづち、要約	・ごもっともでございます
	・さようでございますね（そうですね）
	・おっしゃるとおりでございます
	・ご指摘のとおりでございます
	・恐れ入ります
	・ご事情をお察しいたします
	・お怒りはごもっともでございます
	・○○ということでございますね
	・～についてもう少しおきかせいただけますか
お詫び・謝罪	・大変申し訳ございません
	・ご迷惑をおかけしました
	・ご心配をおかけしました
	・それは大変失礼いたしました
	・いろいろお手数をおかけいたしました
	・ほんとうにご迷惑をおかけいたしました。すぐに対応いたします
	・さっそく調べてご連絡申しあげます
	・深くお詫びいたします
	・お役に立てず恐縮です
	・今後は十分注意いたします
	・今後はこのようなことがないよう社内で徹底いたします
お礼	・貴重なご意見をありがとうございました。さっそく参考にさせていただきます
	・今後ともよろしくお願いいたします
	・大変申し訳ありませんでした。おかげさまで問題がわかりました。さっそく担当部署に伝えます。ありがとうございました

第 **7** 節

環境づくりとホスピタリティ

1　環境づくりの重要性

☑ホスピタリティの実践は、「人」による応対だけとは限らない。足を踏み入れただけで明るく楽しくなる店内の様子、心が落ち着く雰囲気、座り心地のよい椅子など、「人による応対」を含めた環境全体でお客さまを「おもてなし」することで、ホスピタリティを実践することができる。

☑自分たちが提供する商品やサービスを、よりいっそうお客さまに喜んでもらえるよう、細かいところまで目配り、気配り、心配りすることが重要である。

2　環境づくりのポイント

☑建物や造作といったハードウェアは簡単に変えることはできないが、人の工夫で変えられる環境もたくさんある。お客さまを快適にし、喜んでもらえる環境づくりをするために、次のポイントに気をつけることが必要である。

- くもりのない窓ガラス、ほこり一つない椅子やテーブル、きちんと整えられた什器・備品など、清潔であること、整理・整頓されていることは環境づくりの基本である。

- とくにウイルス感染予防の徹底が求められている現在、お客さまが安心して商品・サービスの提供を受けることができるよう、複数の人の手が触れる箇所や洗面所などは、こまめに消毒することが必要である。また、店内の清掃や消毒をどのように行っているかをポスター等でお知らせし、消毒の実施状況を表すチェック表などを掲示しておくことで、お客さまにも安心していただくことができる。さらに、清潔、整理・整頓を徹底することは、従業員やその家族の健康を守ることにもつながる。

- 床のマットや雨の日の水ぬれなど、お客さまがつまずいたり、滑ったりしないよう、安全に配慮することが必要である。また、椅子・テーブルの角や、掲示物の釘・画鋲、その他の装飾物など、大人や健常者の視点だけでなく、子どもや障がい者の視点でも点検し、危険と思われるものを排除する。

- 店内だけでなく、外観、看板、駐車場、店周にも気を配る。季節の植栽などがきちんと手入れされていると、お客さまや通行者に好印象を与えるが、雑草が伸びていたり、ゴミが放置されていたりすると、店そのものがだらしない、という印象を与えてしまう。

店内のサイン、掲示物

● どこに何があるかというサインや掲示物については、お客さまの視線を意識して、文字の大きさ、掲示位置（高さ・向き）にも気を配る。計画的に配置することで、お客さまが迷うことなく目的の場所へたどり着けるようになり、お客さまに知っていただきたい商品や情報へ誘導することも可能となる。

ディスプレイ

● 商品のディスプレイは、お客さまが選びやすく、手にとりやすいように工夫する。陳列する場所や向きは販売量にも影響するので、お客さまの動線を考えながら工夫する。季節のイベントにあわせて陳列場所や装飾を工夫したり、お客さまの共感をよぶパネルやポップを用意したりするのも有効である。

確認問題

働き方改革に関する記述について，適切でないものは次のうちどれですか。

----

(1)企業は無駄な業務を廃止し仕事量を減らし，「ほんとうに必要な仕事は何か」を再定義する必要がある。

(2)所属員が個々の事情や考え方に応じて働けるよう，企業は勤務形態の選択肢を複数用意することが望ましい。

(3)誰にどの仕事を任せるかは，その人の「能力」よりも，その人の「就業形態」の視点から振り分けるとよい。

解答解説 【問60】(3)

解説：特定の仕事を担う人材について，正社員か正社員以外かといった就業形態や資格ではなく，どのような能力・スキルをもった人材が必要かという視点で明確にしていくことが望ましいといえます。

233

【問61】 基本

テレワークにおける働き方に関する記述について，適切なものの組合せは次のうちどれですか。

(a) 1つの仕事を一緒に進めるチーム内では，リーダーが各メンバーのスケジュールや課題，タスクを常に把握し，日々の進捗状況についても詳細な報告を全員に求めることが望ましい。

(b) メンバー間で質問や相談がしやすいよう，お互いのスケジュールや在席状況を共有しておくとよい。

(c) メールやチャット，ウェブ会議等，仕事以外のことでも雑談ができる環境を用意したうえで，活用しやすいよう，まずリーダーが話題を提供するように心がけるとよい。

----

(1)　(a)　(b)

(2)　(b)　(c)

(3)　(a)　(c)

解答解説 【問61】(2)

解説：(a)×細かく管理されることを煩わしく感じる人もいれば，自分の状況をしっかり理解してもらって指示を受けたい人もいるため，報告の程度は，各人の性格や仕事ぶりによって変えることが望ましいといえます。(b)○　(c)○テレワークによるコミュニケーション不足が従業員のモチベーション低下につながる例が増えてきており，仕事以外のことも含めた雑談の重要性が見直されており，適切であるといえます。

「メンタル不調者への対応」に関する記述について，適切でないものは次のうちどれですか。

----

(1)部下の異変に気づくために，日頃から部下の行動様式やコミュニケーションの傾向について知っておく。

(2)「長時間労働による過労状態の人」や「人間関係で悩んでいる人」は，たとえ上司の立場であってもメンタルの不調を引き起こしやすい。

(3)管理職は日頃からメンタルの病気について勉強し，異変がある部下に対しては，簡易的な病気の診断も行うとよい。

解答解説 【問62】(3)

解説：管理職は病気の専門家ではないため，多少勉強したとしても，病気に関して勝手に診断はできません。あくまでも，部下が普段と違う状況についてきき，病状については踏み込まないようにします。

【問63】　　　　　　　　　　　　　　　　　　　　　　　　　　　　　　基本

　メンタル不調をおこさないためのセルフケアに関する記述について，適切でないものは次のうちどれですか。

- -

(1)自分の長所や優れているところ，および習慣化している考え方と行動を書き出し，自分をよく知っておくとよい。

(2)不安や悩み事は，身近な家族や友人，同僚に話すことで気持ちが楽になり，頭の中を整理することができる。

(3)相手に対する疑いや相手との些細な揉め事は無視することが，ストレスと上手につきあう方法である。

解答解説　【問63】(3)

解説：些細なもめごとであるからといって無視していると，相手との関係性が余計に悪くなり，よりストレスを強く感じるようになってしまいます。また，疑いを解決しないまま無視していることも，相手に対する疑いを強くする場合があります。

育成・指導とホスピタリティに関する記述について，最も適切なものは次のうちどれですか。

---

(1)企業を運営するためには，今いる社員に費用をかけて育成するよりも，新しく優秀な人材を新規採用していくほうがよい。

(2)ホスピタリティにより，所属員のタイプや現状に応じて，ふさわしい育成・指導を実践していくことが必要である。

(3)所属員を育成するためには，個々人に違う伝え方をする必要はなく，誰にでも同じ伝え方をしていけばよい。

解答解説 【問64】(2)

解説：(1)少子化が進み人手不足が慢性化している現在，募集すればすぐに優秀な人材が集まるわけではありません。今いる人たちを，企業に貢献できる人財へと育成していくことが必要です。(3)十人十色の所属員に同じ伝え方をしても，同じように情報が伝わるとは限りません。

[問65]　　　　　　　　　　　　　　　　　　　　　実践

　OJTの種類とその内容に関する記述について，空欄①〜④に入る語句の組合せとして，最も適切なものは次のうちどれですか。

OJTの種類	内容
（　①　）	学んだことを相手が実際にできるようになるまで，反復して訓練させること
（　②　）	課題の答えはすでに相手の中にあることを前提として，質問を中心としたコミュニケーションを通じて，相手が自ら導き出せるように支援すること
（　③　）	目標とする人の考え方や行動，習慣などを観察させ，それを手本として実行させること
（　④　）	相手が抱える悩みなどに対して，1対1の対話を通して言葉に置き換え，解決方法を自ら見つけ出していくように支援すること

(1)　①ラーニング　　②モデリング
(2)　②コーチング　　③ティーチング
(3)　③モデリング　　④メンタリング
(4)　①トレーニング　④カウンセリング

解答解説　【問65】(4)

解説：空欄①〜④に入る語句は，①トレーニング，②コーチング，③モデリング，④カウンセリング，です。

報告・連絡・相談におけるホスピタリティの重要性に関する記述について，空欄①〜③に入る語句の組合せとして，最も適切なものは次のうちどれですか。

企業内で情報が風通しよく流通することは，ビジネスにおいて非常に重要である。企業不祥事の多くは，経営トップまで（　①　）が上がっていないことが原因である場合が多い。このような問題を防ぐために，企業内の情報流通をスムーズにする基本スキルが，報告・連絡・相談である。

報告・連絡・相談は，相手が理解できる言葉を選び，（　②　）や話し方についても配慮する必要があり，ホスピタリティが欠かせない。また報告・連絡・相談にあたっては，まず初めに，その（　③　）を明確にすることが重要である。

----

(1)①悪い情報　　②話すタイミング　　③目的
(2)①悪い情報　　②態度　　　　　　　③目的
(3)①良い情報　　②話すタイミング　　③手段

解答解説　【問66】(1)

解説：空欄①〜③に入る語句は，①悪い情報，②話すタイミング，③目的，です。

【問67】 ── 実践

　下記の事例において，報告・連絡・相談に関するＡさんの対応として，適切なものの組合せは次のうちどれですか。

　Ａさんはケアマネージャーとして要介護者・要支援者のケアプランの作成やサービス事業者との調整等を行っている。今回，別のケアマネージャーから引き継いだ利用者Ｋさんについて，Ｋさんとその家族，デイサービス施設担当者，ショートステイ施設担当者，福祉用具会社担当者を交えてサービス担当者会議を開催することになった。Ｋさんには軽度の認知症の症状があり，利用施設内でも特定の職員にだけ話しかける傾向がある。Ｋさんの過去の記録によると，これまでサービス担当者会議が開催されたことはなかったようである。

(a)Ｋさんのアポイントを取る前に，サービス担当者会議の目的や効果についてＫさんに説明した。

(b)サービス担当者会議は利用者宅で実施することが通例であったので，Ｋさんや家族の了解を得る前に，Ｋさんの自宅で開催することに決めた。

(c)施設担当者は，現在出席を予定している人が変更になるかもしれないと考え，名前は伝えずに人数だけをＫさんに伝えた。

(d)念のため，Ｋさんとは別に，Ｋさんの主要な家族にも連絡を取り，Ｋさんに話したことと同じ内容を伝えた。

----

(1)　(a)　(b)

(2)　(b)　(c)

(3)　(a)　(d)

(4) (a) (c) (d)

【問68】　　　　　　　　　　　　　　　　　　　　　　　　　　　基本

　ホスピタリティを意識した接客における，相手の状況と言葉づかいの組合せについて，適切なものは次のうちいくつありますか。

	相手の状況	言葉づかい
(a)	お客さまに商品の説明をした後に，理解できたかを確認するとき	「難しかったですか？　どのあたりがわからないですか？」
(b)	お客さま本人の腕がギプスで固定されているとき	「どうぞお大事になさってください。」
(c)	お客さまの家族が病気で入院中であると聞いたとき	「心配ですね。早く回復されるとよいですね。」

(1)なし

(2)1つ

(3)2つ

解答解説　【問68】(3)

解説：(a)×「難しかったですか？」と言われると，お客さまがばかにされていると感じる可能性があり，どこがわからないか聞かれても，具体的に言えない場合もあります。説明の途中でお客さまの様子を見るなどして理解度を確認しながら接し，「わかりにくい箇所があり，申し訳ございません。補足説明をいたします」などと言葉を添えるとよいでしょう。(b)○　(c)○

　ある飲食店に寄せられた「お客さまの声（クチコミ）」に記載されていた，飲食店側の対応について，当のお客さまには喜ばれているものの，本来は適切でないものは次のうちどれですか。

⑴「友人と２人で行きました。名物料理を３品頼みたかったのですが，近くのテーブルの人を見たところ，１品１品の量が多くてとても３品は食べきれないと心配していました。まず２品頼んで，友達と半分ずつ分けようと思い，注文の際に取り皿をお願いしたところ『量を少なめにするか，お残しの分はお持ち帰りすることもできますよ』と言ってくれて，予定通りの種類を味わうことができました！　とても満足です！」

⑵「年末の忘年会シーズン，仕事終わりの一杯と美味しい料理を楽しみたいと思い，迷惑かもしれないと思いながら１人で店内に入りました。店内はほとんど忘年会客で満席…１人席もないお店でした。このような状態なら，入店を断る店が多いのに，こちらは１人客である私を快く入店させてくれました。しかも，少し死角になって周りの客が気にならないような席に案内してくれました。ゆっくり楽しめました。」

⑶「その日は少しすいている時間にベビーカーに子どもを乗せて来店しました。他のテーブルとの間を離し，ベビーカーをテーブルの横につけてくれて，あまり周りに気をつかわずにゆっくりできる環境を整えてくれました。子どもが起きたあとは，店員さんたちが，近くを通るたびに子どもに目を合わせて手を振ってくれたりして，子どもも泣かずに過ごせました。家族や友人とも来たいなと思いました。」

(4)「その日は，外の気温がとても高く，１人で外回りをしていてずっと歩き回っていたので，お店の席に着いてから出された水をイッキ飲みしました。店員さんがすぐにおかわりを持ってきてくれて，冷たいお絞りまで出してくれました！　店内は混みあってほぼ満席で，とても人気のお店なのに気づかいがありがたいです。あと，『冷房の温度も下げますね』と，すぐキンキンに涼しくしてくれて，本当に感動しました。」

解答解説　【問69】(4)

解説：お客さま対応においてホスピタリティを実践する際は，１組のお客さまだけでなく，他のお客さまにとってもホスピタリティある対応か，という視点も重要です。この場合，満席の店内で，外から入ってきた１人だけのために，店内の冷房をキンキンに冷やすのは好ましくないといえるでしょう。

クレームに関する記述について，最も適切なものは次のうちどれですか。

---

(1)怒りの感情を静めるために，「人」・「時」・「場所」を変える三変法を活用すると，お客さまはクールダウンしやすい。

(2)最初の段階は，お客さまが怒っている状態なので，まずはクレームの原因となった内容を認めて心から謝罪をする。

(3)顧客からのクレームは致命的なものであり，一度クレームが出たら，もうその顧客との取引は期待できない。

(4)クレーム対応では，会社側にクレームの原因があるとわかっていても，最初に「申し訳ございませんでした」と謝罪するのは避けたほうがよい。

解答解説 【問70】(1)

解説：(2)まずはお客さまの心情を受け止める言葉を伝えたうえで，「そのような感情にさせたこと」に対してお詫びすることが必要です。この「お詫び」は，会社としてクレーム内容を認めることとは別物です。(3)クレームは，その対応の仕方によっては，顧客満足度を高め，長いお付き合いに発展させることも可能です。(4)明らかにこちらに非があるとわかっている場合は，最初に「申し訳ございません」と謝罪することが必要です。

[問71] ———————————————————————————————— 実践

　クレーム対応に関する記述について，適切なものの組合せは次のうちどれですか。

(a)自分だけで解決できないクレームを受けたときには，お客さまから聞いた内容に，対応時の相手の印象と自分の考えをあわせて上司に報告する。

(b)電話でクレームを受けて，すぐに対応の結論が出ないときは，折り返しこちらから連絡するように伝える。

(c)店頭に来店したお客さまが興奮してクレームを言ってきたときは，上司が対応を引き継いで別室に案内して話を聞くようにするとよい。

(d)クレーム内容に関するお客さまの話の中で，商品名等の言い間違いや，聞いた内容の食い違いがある場合は，その都度，正しい言葉に訂正したり，どちらが正しいか確認したりしながら，正確に状況を把握するようにするとよい。

----

(1)　(a)　(b)

(2)　(b)　(c)

(3)　(a)　(c)

(4)　(b)　(d)

解答解説　【問71】(2)

解説：(a)×上司に先入観を与えてしまう可能性があるため，上司への報告にあたっては，聞いた内容や相手の言葉をそのまま正確に伝え，相手の印象や自分の考えは入れないようにします。(b)○　(c)○　(d)×相手が話し終わるまでは，言い間違いや食い違いがあってもさえぎらずにきくことが望ましいといえます。訂正しながらきくと，相手の気分を害し，新たなクレームにつながる場合があります。

飲食店における店舗づくりの工夫に関する記述について，適切でないものは次のうちどれですか。

----

(1)「店内が混雑していない場合は，来店したお客さまに対して「お好きな席にお座りください」と声をかけるとよい。」

(2)店外ディスプレイには，メニューやおすすめ料理など，なるべく多くの情報を詳細に掲示するとよい。

(3)来店客の人数にあわせて席を分割して配置できるよう，可動式の椅子やテーブルを多用するとよい。

(4)道路に面している店舗の場合，雨が降ってきても来店客が濡れずに傘を閉じることができるよう，玄関先にはひさしをつけるようにするとよい。

解答解説 【問72】 (2)

解説：店外ディスプレイは，通りすがりに目にとまるよう，一番売りのメニューを表示するなど，情報量を絞ったほうがよいといえます。また，情報量が多すぎると，通行の邪魔になる場合があります。

[問73・問74]

　下記の事例にもとづいて,【問73】および【問74】に答えてください。

　Aさんは金融機関の店舗で窓口係として勤務している。ある日, お客さまのKさんから, 受付開始時間と同時に電話を受けた。

Aさん：「お電話ありがとうございます。○○銀行○○支店, Aでございます。」

Kさん：「(緊張した声で) そちらの支店の口座をもっている者なのですが, じつは, 昨日, 空き巣に入られ, いろいろ盗まれてしまって, 通帳と印鑑も見当たらないんです。引き出されないか心配で電話しました。」

Aさん：（　①　）

（電話保留後）

Aさん：「お待たせしました。只今, お取引の一時停止をしました。口座からお引き出しもされていませんでしたのでご安心ください。」

Kさん：「(少し落ち着いた声で) よかったー。キャッシュカードは財布に入れていたから無事だったんですけど, 家に置いてあった現金のほか, 普段持ち歩かない印鑑証明カードやパスポート, スペアキーも盗まれてしまったんです。」

Aさん：「それはご心配ですね。警察へのご連絡はお済みですか。」

Kさん：「110番したらすぐに来てくれたので, 紛失届は出しました。でもね, 警察官の話だと足跡から2人組だったらしいの。昨夜は怖くて眠れなかったわ。」

Aさん：「お気持ちお察しいたします。大変な中お電話いただき, ありがとうございます。他に何かご心配なことはござい

　　　　　 ませんか。」

Kさん：「これから役所関係には電話するけど，こういうとき，何
　　　　　 か他に気をつけたほうがよいことはあるかしら。」

Aさん：（　②　）

【問73】　　　　　　　　　　　　　　　　　　　　　　　　　実践

　空欄①に入るＡさんの言葉に関する記述について，お客さま対応とホスピタリティの観点から，適切でないものは次のうちどれですか。

----

(1)「それはご災難でございましたね。まずはすぐに，引き出しを止める手続きを取らせていただきます。」

(2)「紛失のご連絡ありがとうございます。紛失された通帳の口座番号はおわかりですか。残高確認をしますが，ご本人さまでしょうか。」

(3)「盗難とは大変でございましたね。まず，悪用されないよう，お口座に通帳と印鑑盗難のサインを入れさせていただきますのでご安心ください。」

(4)「それは怖い思いをされましたね。悪用されないよう，すぐに引き出しを止める手続きを取らせていただきます。その後，詳しいご説明をさせていただきます。」

解答解説　【問73】(2)

解説：空き巣で通帳を盗まれたのに，お客さまに非があるような「紛失」と表現するのは適切ではありません。また，「残高確認をしますが，ご本人さまでしょうか」は，相手の不安に配慮していない事務的な対応であるといえます。

空欄②に入るＡさんの言葉に関する記述について，お客さま対応と
ホスピタリティの観点から，適切でないものは次のうちどれですか。

---

(1)「そうですね……。当行の手続きについてはご案内できるのですが，
　　あいにく他の手続きはわかりかねます。それぞれの先に聞いていた
　　だくのがよいと思います。」

(2)「専門家ではないのですが，パスポートなどの本人確認書類は，な
　　りすましやその他の詐欺などにも悪用される事例があると聞きま
　　す。Ｋさまの事情に応じた注意点を，警察か役所に問合せること
　　をお勧めいたします。」

(3)「通帳に記載されていた内容によって，Ｋさまの生活に関連した勤
　　務先やお買い物先などの情報が漏洩する可能性もあります。ご心配
　　な先がありましたら，あらかじめご連絡されたほうがよいかもしれ
　　ません。」

(4)「金融機関の口座番号などは，いったん流出すると悪用される可能
　　性もあります。口座内容はそのままに，番号だけ変える方法もあり
　　ます。ご心配かと思いますので，ご検討なさるとよいと思います。」

解答解説 【問74】(1)

解説：空き巣という，通常は経験しないような体験をされたお客さまの
状況や心情に配慮し，思いつく範囲で相手の要望に応えようとする姿勢
が必要です。(1)は，お客さまが他の手続きについて尋ねているわけでは
ないので，他に注意することはないか情報を知りたいというお客さまの
要望に応えていない対応であるといえます。

【問75・問76】

　下記の事例にもとづいて,【問75】および【問76】に答えてください。

　X通信社では,働き方改革の取組みが進んでいる。ここ数年,在宅ワークも進み,残業は大幅に減少した。また,女性の産休,育休も定着してきている。本年度は,本社から「男性の育児休暇の取得についても促進するように」と方針が出ているが,今までは対象者がいない状況であった。また,各部署ともぎりぎりの人数で業務を回していることもあり,方針に否定的な意見は出ていないものの,実際の運用にはまだいくつかの課題を抱えている。そのような中,今月,A課長に対して部下2名から,次のような相談があった。

　Bさんは,「現在妊娠10週目であるが,産休直前まで仕事をして,産前・産後休暇および育児休暇を取得したいと思っている。安定期になるまで同僚には言わないでほしい」とのことであった。「現在担当している法人営業の仕事はそのまま続けたいが,初めての妊娠でもあり,業務に支障がないか不安を抱いている」とも言っていた。

　また,C主任は,「妻が2人目を妊娠し,現在16週目に入った。1人目のときは妻が産休,育休を取り,地方にいる実家の両親からのサポートも受けていた。しかし,この度は2人目ということもあり,妻から『男性の育休も取れる制度ができたと聞いている。あなたももっと子育てに協力してほしい』と言われた」とのことであった。「自分が育休をとることで,周囲の人の負担になるだろうし,気が引ける。しかし,在宅ワークの経験で子育ての大変さも実感し,妻の気持ちは理解できるため,悩んでいる」とも話していた。

　A課長は,Bさん,C主任の相談内容と現在の会社の状況を踏まえ,今後の対応について,まずは自分の考えを整理してみることにした。

　Bさんに対して，A課長が対応として考えていることに関する記述について，働き方改革とホスピタリティの観点から，最も適切なものは次のうちどれですか。

----

(1)「夏場の暑いときの法人回りはきついから，仕事の負担の少ない部門に異動させたほうが本人のためかもしれない。異動させれば，代わりの人員も来るだろう。」

(2)「急な依頼やトラブルに対応できない場合もあるから，大手のクライアントの担当からは外れてもらったほうがいいかもしれない。」

(3)「初めてのことで，本人も不安があると言っていたし，毎週，仕事の予定と本人の状況を確認し，改めて希望を聞きながら，希望に沿った対応をするのがいいだろう。」

(4)「Bさんの体調に常に気をつけて，負担にならないように，Bさんがもともと担当していた新規開拓など手間のかかる仕事は別の社員に振り分ける判断が必要だろう。」

解答解説 【問75】(3)

解説：(1)Bさんのための措置とはいえ，Bさんの意向を確認せずに勝手に異動させるのは適切ではありません。(2)Bさんの意向を確認せずに勝手に担当替えをすることは適切ではありません。(4)ぎりぎりの人数で運用しているなか，手間のかかる仕事をそのまま別の社員に振り分けることは，他の社員から不満が出て，Bさんが気まずくなる可能性があります。仕事の分担については，Bさんや他の社員の意向を確認したうえで調整し，別の方法も検討することが必要です。

【問76】　　　　　　　　　　　　　　　　　　　　　　　　　　　実践

　C主任に対して，A課長が対応として考えていることに関する記述について，働き方改革とホスピタリティの観点から，適切でないものは次のうちどれですか。

----

(1)「まずは，育児参加しようというC主任の気持ちを褒めないといけないな。奥さまに言われたことがきっかけとはいえ，子育ての大変さを実感したというC主任の気持ちを尊重しよう。」

(2)「育休後に有給休暇も取得したいと言われたら，有給休暇は労働者の当然の権利なのだから，取得の意思を認めるべきだろう。」

(3)「Bさんの時期と育休が重なるときがあるなぁ。とはいえ，会社が推進していることもあるし，引継ぎや代替労働力の手配など，できるだけ仕事の調整をするように伝えてみよう。」

(4)「仕事の影響や引継ぎを考慮して，今後の働き方について，本人の希望と上司側の意見が合わなかった場合，本人の了解を得られなくても上司側の意見を優先するほかないだろう。」

解答解説　【問76】(4)

解説：仕事の影響や引き継ぎを考慮して，本人の希望とは異なる方法を上司が検討したとしても，勝手に決めるのではなく，あくまでも本人の了解を得ることが必要です。

おわりに

　ホスピタリティについての理解が深まったことで、日常生活の中で、ホスピタリティを実践する機会も増えてきたのではないでしょうか。

　あなた自身、そしてあなたが関わるすべての方が幸せな人生をおくることができるよう、この書籍で学んだことを役立ててください。

　また、ホスピタリティは時代によって変化し、進化していくものです。今日「ホスピタリティあふれる言動だ」と思われることが、明日には「できて当たり前」と思われるようになるかもしれません。常に「相手のために何をすればよいか」を問い続ける姿勢が大切です。

　これをスタートとして、今後も継続してホスピタリティに関する研鑽を積んでいただきたいと思います。

ホスピタリティチェックシート

	項目	チェック
1	電車に乗っているときや道を歩いているときに、周りの人の様子が目に入る	
2	買い物など、仕事以外の日常生活でもどうしたら顧客（相手）が満足するかについて考えている	
3	何事に対しても興味関心をもっている	
4	自分から笑顔で挨拶し、歓迎する気持ちを表現している	
5	人から話しかけられたら、すぐに反応している	
6	人に話しかけるときは、タイミングを考える	
7	話のペースを相手に合わせることができる	
8	話すときの言葉選びに気をつかっている	
9	相手を不快にさせないように心がけている	
10	自分と話をすることで、相手に喜んでもらえるとうれしい	
11	話しかけられやすい雰囲気をつくることができる	
12	相手の良いところをみつけて褒めることが得意である	
13	感情的な話に共感することが得意である	
14	感情的になったときに、冷静に原因を考えることができる	
15	TPOに応じた身だしなみをしている	

テキスト監修・執筆

有限会社 エム・エム・トラスト （M・M・TRUST）

　"信頼される人材の育成"を目指して2000年8月創業。クライアント
　企業の研修計画立案から実施までを総合的にプロデュースする研修
　会社。所属講師陣は豊富な研修経験を誇り、各業界トップクラスの
　クライアント企業から高い評価を得ている。企業別研修・講演会・
　セミナー・CS調査など多数実施。
　ホームページhttp://mmtrust.jp/

執筆者（敬称略）

増田　睦子（ますだ・むつこ）

　1958年生まれ。みずほインベスターズ証券（現みずほ証券）を経て、
　エム・エム・トラスト設立。代表取締役。窓口担当者、新人〜管理
　職研修の講師も務める。証券外務員、DiSC® 認定トレーナー、日
　本報連相センター会員（313）、CMTA® 。

木村　恭子（きむら・きょうこ）

　1960年生まれ。東京大学卒業、東邦生命を経て株式会社ケー・ツー・
　エー設立、代表取締役。都銀、地銀、生保、事業会社の教育教材、
　消費者向けツール等を制作。保険、コンプライアンス関係のセミナー
　講師も務める。

安川　雅代（やすかわ・まさよ）

　1952年生まれ。日本航空退社後渡米。資格（心と身体の健康増進）
　を取得し指導。帰国後コンサル開始。メンタルヘルス、CSコミュ
　ニケーション、階層別研修を担当。日本報連相センター会員（445）、
　日本フィットネス協会参事。

石田　和夏子（いしだ・わかこ）

　1970年生まれ。日産ミスフェアレディを経て、声の表現力を切り口に企業や学校で研修活動を開始。CSコミュニケーション、プレゼンテーション、アナウンス、階層別研修を担当。キャリアコンサルタント。

土橋　沙綾香（どばし・さやか）

　1981年生まれ。東京大学卒業、全国共済農業協同組合連合会を経て行政書士・社労士として活動。相続業務を専門とする。研修講師としては相続・社会保障・共済税務等の研修を実施。行政書士、社会保険労務士、CFP®。

新版　社会人ホスピタリティ　要点チェック&確認問題

2021年 6 月16日　　初版第 1 刷発行	編　　者	日本ホスピタリティ検定協会
2022年 7 月28日　　第 2 刷発行	発 行 者	志　茂　満　仁
2023年11月20日　　第 3 刷発行	発 行 所	㈱経済法令研究会
2024年 4 月29日　　第 2 版第 1 刷発行		

〒162-8421　東京都新宿区市谷本村町 3 -21
電話 代表 03(3267)4811　制作 03(3267)4823
https://www.khk.co.jp/

営業所／東京03(3267)4812　大阪06(6261)2911　名古屋052(332)3511　福岡092(411)0805

カバー・本文デザイン／土屋みづほ　イラスト／kabu
制作／長谷川理紗　印刷／日本ハイコム㈱　製本／㈱ブックアート

©Japan Hospitality Licence Organisation 2024　Printed in Japan　　ISBN978-4-7668-3515-1